“最美中国”丛书(第二版)

最美的品格

刘同沫 著

合肥工业大学出版社

图书在版编目(CIP)数据

最美的品格/刘同洙著.—2版.—合肥:合肥工业大学出版社,
2017.12

(最美中国丛书)

ISBN 978-7-5650-3764-1

Ⅰ.①最… Ⅱ.①刘… Ⅲ.①品德教育—中国—通俗读物
Ⅳ.①D648-49

中国版本图书馆CIP数据核字(2017)第325269号

最美的品格

刘同洙 著　　　　责任编辑 朱移山 张 慧

出 版	合肥工业大学出版社	版 次	2011年12月第1版
地 址	合肥市屯溪路193号		2017年12月第2版
邮 编	230009	印 次	2017年12月第2次印刷
电 话	总 编 室:0551-62903038	开 本	710毫米×1000毫米 1/16
	市场营销部:0551-62903198	印 张	10 字 数 134千字
网 址	www.hfutpress.com.cn	印 刷	合肥现代印务有限公司
E-mail	hfutpress@163.com	发 行	全国新华书店

ISBN 978-7-5650-3764-1　　　　定价:30.00元

如果有影响阅读的印装质量问题,请与出版社市场营销部联系调换。

序

赵 焰

一直以为，中国传统文化的精髓，从时间上说，是在明朝之前的。明朝之前，占据社会主流的，是清明理性的孔孟之道。崇尚自然、游离社会的道学，作为主流思想的补充，与儒学一起“相辅相成”、“一阴一阳”，使得社会主流思想具有强大活力。从总体上来说，中国文化的源头，无论是周公、老子、孔子，还是后来的诸子百家，比如说孟子、荀子、庄子、韩非子、墨子等等，都对人生保持清醒、冷静的理性态度，保持孔子学说实践理性的基本精神，即对待人生、社会的积极进取精神；服从理性的清醒态度；重实用轻思辨、重人事轻鬼神的思维模式；善于协调，讲究秩序，在人伦日用中保持满足和平衡的生活习惯……中国文化的源头如此，决定了汉民族的心理结构和精神走向，包括汉民族理想追求、文化风格以及审美倾向。

中国文化在明朝之前，占据社会主流的，是高蹈的士大夫精神。最显著的表现在于：人们遵从天地人伦之间的道德，有高远的理想，讲究人格的修炼，反对人生世俗化，鄙视犬儒的人格特征。从春秋时代起，中国知识分子一直以“修身齐家治国平天下”为人生使命，以追求道德、知识和审美为人生归宿。比如说孔子，从他的言语来看，更像是倡导一种人生价值观，追求人生的美学意义。又比如说庄子，他的学说，不像是哲学，更像是一种生活美学：道是无情却有情，看似说了很多超脱、冷酷的话，实际上透露出对于生命、本真的眷恋和爱护，要求对整体人生采取审美观照态度，不计功利是非，忘乎物我、主客、人己，以达到安详和宁静，让自我与整个宇宙合为一体。这种贯穿着士大夫精神的人生价值观，让人忘怀得失摆脱利害，超越种种庸俗无聊的现实计较和生活束缚，或高举远蹈，或怡然自适，或回归自然，在前进和后退中获得生活的力量和生命的意趣。这就是中国历代士大夫知识分子一以贯之的艺术清洁精神。英国大哲学家罗素曾经说："在艺术上，他们（中国人）追求精美，在生活上，他们追求情理。"这是说到关键了。

中国人的生活哲学就是如此，一方面高旷而幽远，另一方面也连着"地气"，是自发的浪漫主义和自发的经典主义的结合。道家是中国人思想的浪漫派，儒家是思想的经典派。当东汉年间佛教传入之后，这种以出世和解脱为目的的宗教体系遭到了儒学和道教的抵抗，从而消解了印度佛教中很多寡凉的成分。经过"中庸之道"的过滤，其中极端的成分得到了淡化，避免了理论或实践上的过火行为。也因此，一种中国特色的佛教观产生了，佛教在中国更多变身为"生活禅"，变成一种热爱生活创造人生的方式。中国人一方面避免了极端的"出世"之路，另一方面，由于心灵的滋养、美智的开发，使得东汉魏晋，包括后来的南北朝、隋唐、五代十国以及唐宋元产生了很多高妙的艺术，"艺术人生"的观念也随之如植物一样葳蕤生长。可以说，这些朝代，是中国最具审美价值、最开人们心智、也最出艺术珍品的年代。也因此，很多艺术种类都在这个阶段达到了高峰，比如说唐诗、宋词、元曲、书法、绘画、音乐、舞蹈等等，它们洋溢着一种高蹈的精神追求，境界高远，洁净空旷，如清风明月，如古松苍翠。从审美上看，由于存有或明或暗的观照，存有人格与事物的交融，主题得到了提升，感悟与生命同在，境界与天地相齐，一种深远的"禅意"油然而生……从总体境界上来看，这一阶段的各类艺术形式，因为主题和境界的破对立、空物我、泯主客、齐生死、反认知、重感悟、亲自然、寻超脱等等，达到了各自的高峰。它们是最能代表中国文化精髓的。

中国的艺术精神到了明清之后，有低矮化的倾向。明清以后，由于社会形态的变化，专制制度进一步严酷；加上统治者出身和教育的局限，以及愚民政策的目的，整体文化和审美呈低俗化的倾向，社会和人生的自由度越来越窄，艺术的想象空间越来越逼仄，艺术作品的精神高度下降。随着"程朱理学"和科举制度的推行，人们的想象力、创造力被扼制，审美弱化，艺术更趋

“侏儒化”、“弱智化”。大众普罗的喜好抬头，刚正不阿的风骨软化，崇尚自由、自然、提升的审美精神也在丧失。不过尽管如此，在明清时代的中晚期，那种崇尚自然、物我两忘的高贵精神仍时有抬头，一批有着真正艺术精神的独立艺术作品或有出现。尽管如此，士大夫精神已不是艺术美和生活美的主旋律，它只是一种空谷幽兰的生命绝响。

近现代之后，由于社会动荡，战乱连连，再加上西方现代化所导致的实用主义、功利主义的渗入，中国的文学艺术遭到了进一步摧残，传统的艺术精神更进一步沉沦。艺术的政治化倾向、实用主义倾向和世俗主义倾向抬头，这直接导致了真正的艺术精神缺失，艺术的品位下降，高蹈精神向世俗俯首，自然和自由变身为功利和实用，士大夫精神更是变身为犬儒主义。中国近现代上百年的屈辱和战乱，更使得中国自古以来高洁的审美观变得扭曲和肤浅：黄钟大吕变成田野俚语，布衣青衫变成了披红挂绿，古琴琵琶变成了锣鼓鞭炮，洁身自好变成了争相取宠，安详宁静变成喧哗骚动，幽默风趣变成庸俗不堪……如果说是与非、美与丑是人类最基本标准的话，那么，很长一段时间里，这种基本标准都在丧失，很多人已分辨不了是与非，也分辨不了美与丑。“文革”时期八个脸谱化的样板戏在左右着中国人的全部精神生活，这样的现象，又何尝不令人扼腕叹息！

如果说中国当代教育存在着诸多问题的话，那么，以我的理解，当代教育最大的问题，甚至不是传统丢失、精神扭曲以及弱智低能，而是在美育上的缺失。很多年来，人们丧失了一些最基本的判断，不知道什么是美的，什么是丑的；很多人将美当成丑，将丑当成美，从而失去了美的方向性。这一点，只要观察我们周围的人们，就可以得出结论——在我们的周围，到处都是对于生活没有感觉，对于美丑没有鉴别的人。他们所拥有的，只是功利，只是物质，只是金钱，只是对美丑的弱智的鉴别和判断。这些人不仅仅是一些教育低下的人，甚至一些貌似受过良好教育的人也是这样——他们虽然拥有很高的学历，有很好的教育背景，但在美丑的辨别力，以及对于艺术、心灵的觉察力、感悟力和理解力上，同样表现得能力低下、缺乏常识。这样的现象，实际上是我们多年以来的教育缺乏美育，缺乏精神导向的结果。一个人的审美，是与道德和智慧联系在一起的，审美的缺失，实际上也是道德和智慧的缺失。一个对美缺乏判断力的人，很容易在人生中缺乏动力和方向，也很容易被民族主义、法西斯主义、极端主义、工业主义所奴役，成为过度现代化的牺牲品。在很多时候，这种人不可能是一个丰富的生命，只是一架精神匮乏的机器。

现在，这一套由合肥工业大学出版社精心组织的“最美中国丛书”，似乎在某种程度上，弥补了一些“寻根”和美育上的缺失。这一套书的第一辑共十本，它们分别是：《最美的思想》《最美的品格》《最美的女性》《最美的诗歌》《最美的文辞》《最美的书画》《最美的宝藏》《最美的乐舞》《最美的风物》《最美的民俗》，旨在于“重建中国优美形象，重构华夏诗意生活”，通过对古代思想、伦理道德、文学艺术、风景民俗等的重新梳理，重新发现中国特有的美，倾情向世人推介这种美，以期真正的美得到传承。这套书知识精准，图文并茂，力求童趣与大美的融合，悦目和感人的统一。对于正在成长的青少年来说，这一套书，应是一个不错的选择，最起码它可以让人知道，什么是中国的最美，什么是中国真正的美。

上个世纪初，著名教育家蔡元培先生曾经提出过著名的“五育并举”教育方针，“五育”为：军国民教育、实利主义教育、公民道德教育、世界观教育、美感教育。其中，美感教育尤其有特色，蔡先生还以“以美育代宗教”的口号闻名于世。在蔡元培看来，美育是宗教的初级阶段，对于没有宗教传统的中国人来说，美育教育是一种基础，并且相对宗教，美育更安全，更普及，也更为人接受。通过美育，可以培育出道德是非的基础，培育出向上的力量。虽然蔡元培的这一观点引起过一番争论，但对于一个人来说，有美的熏陶，有对于美丑的正确判断，怎么都不能说是一件坏事。并且，美与是非，与善恶，与道德，与人类的心灵，与这个世界的根本，是联系在一起的。以对美的判断和感知为出发点，了解中国历史，了解中国文化，了解中国人曾经的艺术生活，了解一个民族的内心世界；从而进一步了解世界，了解世界的规律，与身边的一切做到和谐相处，都是大有好处的。

也许，这套书的意义就在于此。

目 录

圣之任者 …… (001)
不食周粟 …… (004)
周公吐哺 …… (006)
管鲍分金 …… (009)
令尹让位 …… (012)
公而忘私 …… (015)
切莫点烛 …… (017)
刺客之死 …… (019)
前仆后继 …… (021)
不贪为宝 …… (025)
圣之和者 …… (027)
不欺暗室 …… (029)
取舍得失 …… (032)
鞭打芦花 …… (034)
季札挂剑 …… (036)
卧薪尝胆 …… (038)
以贵下贱 …… (041)
训儿退贿 …… (043)
一饭千金 …… (046)
宠辱不惊 …… (048)
苏武牧羊 …… (051)
不弃糟糠 …… (054)
无私皇后 …… (057)
天知我知 …… (059)
以死消祸 …… (062)
五斗折腰 …… (064)

大树将军 …………………………………………………… (067)
穷汉还金 …………………………………………………… (069)
以法治子 …………………………………………………… (072)
珍惜名分 …………………………………………………… (074)
南山可移 …………………………………………………… (078)
执意斩子 …………………………………………………… (080)
为国守财 …………………………………………………… (082)
小事糊涂 …………………………………………………… (084)
不顺民意 …………………………………………………… (087)
不买玉带 …………………………………………………… (089)
忧悯苍生 …………………………………………………… (091)
刚正不阿 …………………………………………………… (093)
器量过人 …………………………………………………… (096)
我心有主 …………………………………………………… (098)
世祖拜师 …………………………………………………… (100)
壮哉大儒 …………………………………………………… (103)
不私其子 …………………………………………………… (106)
清风两袖 …………………………………………………… (108)
胸有河山 …………………………………………………… (110)
永不落志 …………………………………………………… (113)
各让三尺 …………………………………………………… (115)
一视同仁 …………………………………………………… (117)
文盲圣人 …………………………………………………… (120)
捡拾谷粒 …………………………………………………… (123)
讨饭兴学 …………………………………………………… (125)
白石兰芳 …………………………………………………… (127)
文化为公 …………………………………………………… (130)
破釜沉舟 …………………………………………………… (132)
铁肩辣手 …………………………………………………… (135)
酒中君子 …………………………………………………… (138)
公私两袋 …………………………………………………… (141)
青年之友 …………………………………………………… (143)
永存吾土 …………………………………………………… (147)
文人相重 …………………………………………………… (150)

圣之任者

伊尹是商朝的开国大臣。他辅佐汤推翻了夏桀的残暴统治，建立了在中国历史上维系了600年之久（约公元前17世纪—前11世纪）的商朝。伊尹出身低贱，原来不过是汤妻陪嫁的奴隶，被称为“媵臣”。他以自己的杰出才能和特有品格，受到汤的赏识，被提拔重用为国相，并连续辅佐了汤、外丙、中壬、太甲四朝国君，成为名副其实的“四朝元老”。

伊尹曾经说自己是“治亦进，乱亦进”。意思是说，他是天下太平时出来做官，天下混乱时也照样出来做官。他为什么要这样做？这是他的责任心使然。他还说：“天之生斯民也，使先知觉后知，使先觉觉后觉。予，天民之先觉者也。予将以此道觉此民也。”意思是，上天生育百姓，是要让先知者启发后知者，先觉者引导后觉者。我是百姓中的先觉者，我要用这个“尧舜之道”去启发引导后觉者。孟子说他：“思天下之民匹夫匹妇有不与被尧舜之泽者，若己推而内之沟中。其自任以天下之重也。”意思是，他想到天下的百姓如果有一个男子或一个女子没有受到尧舜的恩泽，就好像自己把他们推到深沟里一样。他就是这样地把天下的重担挑在自己身上。他为什么要这样做？也是他的责任心使然。

伊尹的这一特有品格，任何时候都表现得淋漓尽致，不管自己的地位是高是低，即使还是汤的家奴时也不例外。

伊尹在汤身边做厨师时，看到汤成天为与夏桀争夺天下而忙碌不堪，显得十分焦躁，以致一日三餐都食不甘味，便认为这不符合治国之道，自己得想个办法启发帮助他一下。于是，伊尹想出了这样一个办法来引起汤的主意：他把上一顿饭的菜做得特别咸，下一顿饭的菜又故意不放盐，让汤吃得不对味而来责备自己。接着，他又把每顿饭的菜做得咸淡适中，美味可口，让汤吃得十分满意。伊尹早已算计好了，汤准会表扬自己。果然，有一次饭后，汤对伊尹说："看来你做菜的本事确实不凡。"伊尹已是成竹在胸，不等汤把话说完，就借题发挥说："大王，这并不值得夸奖。菜不宜太咸，也不能太淡，只要把佐料调配得当，吃起来自然可口有味。这和您治理国家是一个道理，既不能无所作为，也不能急于求成，而只有掌握好分寸，把握住关键环节，才能把事情办好。"汤一听，觉得伊尹的话很有道理，很受启发。从此他便对伊尹另眼相看，开始器重起这个家奴来。

汤在位 29 年后逝世了，本来所立的太子太西没有即位就已去世，于是就由汤的第二个儿子外丙继位，外丙即位 3 年便去世了，立外丙的弟弟中壬为王，中壬帝即位 4 年后离世，伊尹便又立太丁的儿子太甲为王。

太甲即位后，一开始还能谨慎执政，但时间一长就渐渐不遵守汤所立的法度，昏庸暴虐，不仁不义，于是伊尹就果断地把他流放到桐宫中。同时写下《伊训》《肆命》《徂后》等训词，告诉太甲如何为政的道理。桐宫就是汤的墓葬之地，太甲在这个特殊的环境里待了整整 3 年，他悔思反过，想起自己的祖先建立国家的不容易，想起一国之君所应担负的职责，于是回心向善，革面洗心。伊尹看到君王能这样，高兴极了，便立即迎其回朝，把权力全部交还给他。太甲在后来的治国中，能够以仁义道德行事，逐步使商朝的国力达到鼎盛。

"伊尹放太甲"，是他晚年政治生活中的一件大事，此时的伊尹已经年近八旬了。一个耄耋之年的老人仍有如此的政治魄力，敢于从国家大局和百姓利益出发，不怕担当政治责任，不怕被世

人诟骂猜忌，大胆地流放太甲令其悔过后又亲自迎还，这不仅是伊尹高度的责任心使然，更体现了他非凡的胆略和崇高的品格。

孟子将伊尹的品格视为圣人的品格，且与孔子相提并论，说："伊尹，圣之任者也"；"孔子，圣之时者也"。意思是，伊尹是圣人中负责任的人，孔子是圣人中识时务的人。孟子用"圣之任者"这四个字来评价伊尹，真是再贴切不过了。

不食周粟

商代末年，在今天河北省卢龙以西的地方，有一个孤竹国。孤竹国国君有好几个儿子，大儿子名叫伯夷，三儿子名叫叔齐。国君在世时，就有意册立三儿子叔齐为太子，让他继承王位；身为长子的伯夷知道了父亲的心思后，决心满足父亲的愿望。孤竹国国君逝世前，果然遗命立叔齐为太子；可叔齐坚决推辞，要把王位让给哥哥伯夷继承。伯夷也坚决不接受，并打算悄悄逃走。叔齐发现了哥哥的心思，就同哥哥商量，要走不如他们一起走。于是，兄弟二人一同逃出孤竹国，去投奔西周的周文王西伯。

当伯夷和叔齐来到西周的时候，正赶上周文王逝世，周武王率军讨伐商纣王。伯夷和叔齐认为这是不仁义之事，必须加以阻挡。于是兄弟二人跪在路上，拦住武王的战车，大义凛然地对着武王喊道："大王，您认为父亲死了不安葬，却在居丧期间大动干戈，这算得上是孝吗？以臣子的名义去讨伐君主，这算得上是仁吗？大王的举动正是如此，请您三思而行啊！"

周武王对伯夷、叔齐的进谏不予理睬。武王的军队节节取胜，很快商纣王自焚而死。捷报传来，大家都喜悦万分，庆贺周武王取得的胜利，唯有伯夷、叔齐心中始终不安，觉得周武王讨伐商纣是大逆不道，自己没有办法阻止，要是再靠周朝供养就很不光彩了，发誓自此以后不再吃周朝的一粒粮食。

伯夷和叔齐决心离开西周。他们动身往东走，想找一个不是周朝领土的地方住下，最后来到了首阳山，也就是今天山西省永济县南的首山，在山中隐居下来。没有粮食，他们就采摘山上的野菜和野果充饥。进入秋冬，山上的野菜和野果越来越少，加上二人身体瘦弱，不久便因寒冻饥饿，死在了首阳山中。

中国古人把伯夷兄弟看做是有高尚节操的典型。《颜氏家训》中有言：“不屈二姓，夷、齐之节也。”意为不屈身于另一个王朝，这是伯夷、叔齐的节操。孔子则称赞伯夷、叔齐“不降其志，不辱其身”，也就是不降低自己的志向，不辱没自己的身份。屈原也在《橘颂》中写道：“行比伯夷，置以为像兮。”意思是把伯夷树为自己品行上的榜样。近人对伯夷和叔齐也有一种不同的看法，即认为他们一味地维持旧秩序，行为迂腐不化。这当然可以商榷，但不管怎样，伯夷和叔齐兄弟互让的高风亮节，他们“不降其志，不辱其身”的精神和操守，都是应当充分加以肯定的。

周公吐哺

西周的时候，有一位大政治家叫周公，他姓姬名旦，是周文王的儿子，周武王的弟弟。

周公辅佐武王可以说到了舍身舍己、肝脑涂地的程度。就在武王灭了殷商的第二年，天下还不安定，好多事情还没个头绪，可是有一天武王突然病了，而且病得很重，群臣自然是乱了方寸。周公挺身而出，他设置了三个祭坛，以自己的生命作抵押，向三位先王太王、王季、文王祷告，并命史官宣读他撰写好的册文，册文的大意是："你们的长孙武王姬发，如今辛劳成疾了。倘若你们三位神王在天上生了病，要人去扶持，那么我姬旦愿意代替武王姬发担当这个责任。我姬旦这个人特有心计，又多才多艺，最擅于侍奉鬼神了。而你们的武王姬发却没我这个本事啊，他已经在天帝的宫廷里接受了使命，广有四方，因而能够安定你们在天下各地的子孙，四面八方的百姓也无不敬畏他。只要不让他失落了天降的大命，你们先王的神灵也就永远有了依托、有了归宿了。"或许周公的自我牺牲精神真的感动了上天，武王的病果真好了。

周武王虽然躲过了这一劫，但终究是沉疴难愈，第二年还是驾鹤西游了，年幼的成王继位。周武王临死前，把成王托付给周公说："这个孩子就交给你了，希望你能辅佐他做个好君主!"周公含泪点头表示答应。

周公就像对待武王一样，无微不至地关心着成王。有一次，成王病得厉害，周公很焦急，就剪了自己的指甲沉到大河里，对河神祈祷说："今成王还不懂事，有什么错都是我的。如果要死，就让我死吧。"和武王那次的情况一样，成王也同样痊愈了。

这两次祷告虽然都有迷信的成分，但在人们特别看重发誓、特别忌讳"死誓"的上古时代，周公的行为还是感人至深的。

周公是一个非常爱才的人，他知道要想使王朝一直存在，就一定要请贤人当政，所以他到处招募人才。一天，周公正在吃饭，刚把一块肉放到嘴里，家人来报告说有客人来访，周公急忙把肉吐了出来，去接待客人。这一顿饭的工夫，竟然有三个客人到访，所以周公先后吐了三次饭。家人看他这样，关心地说："您就不能吃完饭再去会见客人吗?"周公笑着摇摇头说："我也想啊！可是国家大事那么多，成王现在还小，他们都是有要事找我，我怎么能怠慢呢?"这就是"周公吐哺，天下归心"典故的由来。

没想到，他的行为却遭到了一些小人的恶意中伤，“周公这样做是为了独掌大权，把他的侄子赶下台，自己称王”。“这是谁说的？”周公问他的手下人。回答是：“您的三哥管叔和五弟蔡叔！”

这些流言一散布，朝中的不少大臣都被欺骗了，就连长期辅佐武王的召公也对周公的摄政产生了怀疑。

周公心想，要保证朝政不乱，首先必须取得国家老臣召公、姜太公等人的信任和支持。于是，他对召公、姜太公等人说：“先王临终前曾经嘱咐我，让我一定辅佐幼主成才。我既然答应了，就应该尽心竭力。我时时提醒自己不能出错，以免耽误国家大事啊！”姜太公等人见周公真的是一片忠肝义胆，深受感动。管叔和蔡叔见自己诽谤周公的阴谋没有得逞，联合了商纣王的儿子武庚，率领商朝残余势力妄图谋反，结果被周公镇压了。

周公摄政7年后，国家巩固了，成王也渐渐长大了。周公便主动把国政还给了他，自己还是恭恭敬敬地做臣子。但又有点儿不放心，怕成王年轻气盛，当不好家，于是就撰写了《多士》和《毋逸》两篇文章，告诫成王要注意修德，谨言慎行，千万不要骄奢忘本。

周公当之无愧地成为后世为政者的典范。孔子的儒家学派，把他的人格典范作为最高典范，把周初的仁政作为最高政治理想。孔子终生倡导的便是周公的礼乐制度。

管鲍分金

春秋时期，齐国国君齐桓公手下有两位大臣，一位名叫管仲，一位名叫鲍叔牙。二人虽然个性不同，但都很贤能，是齐桓公的得力帮手。在他们的辅佐下，齐桓公成为春秋时期的第一霸主，齐国成为当时最大的诸侯国。

管仲和鲍叔牙小时候就是好朋友，形影不离。管仲家贫母老，鲍叔牙常常给予资助。长大后友情越来越深，成为莫逆之交。二人之间的友谊为后世留下了许多佳话。

青年时代，管仲和鲍叔牙曾合伙做过生意，贩卖麦豆丝麻。鲍叔牙家里很富有，合伙时出的本钱多；而管仲家里穷，出的本钱少。生意做了一年，结算下来赚了不少钱。按道理，鲍叔牙出的本钱多，利钱应该多分，而管仲出的本钱少，应少分。可管仲却要求多分，结果还真的得了大头。鲍叔牙手下的人很不服气，都说管仲太贪心，可鲍叔牙却觉得管仲不应当受到非议，就对手下人说："怎么能说管仲贪心呢！他家里穷，等着钱用，我又不缺钱，是我乐意多分给他的。"

管仲和鲍叔牙还一同上过战场。作战时，鲍叔牙总是冲在队伍前面，而管仲总是躲在后面；队伍撤退时，管仲倒是跑在前面。大家都耻笑管仲，说他是个胆小鬼，贪生怕死。鲍叔牙觉得管仲不应当受此羞辱，就对那些耻笑管仲的人说："你们以为管仲是个胆小怕死的人，我认为不是。像他那样有勇气的人天下少有。作战时他之所以躲在后面，是因为他的母亲年纪大了，又体弱多病，他必须活着回去照顾自己的母亲，并不是真的贪生怕死。这是他有孝心的表现。”

鲍叔牙在国君面前力荐管仲“使代己位，而以身下之”的故事更是被传为千古美谈。齐桓公即位后，原决定封鲍叔牙为上卿，出任齐国相国，他对鲍叔牙说：“在诸多大臣中，你是最忠心、最有能力的，由你出任相国再合适不过。”鲍叔牙赶忙对齐桓公说：“我不过是个小心谨慎、奉公守法的臣子罢了，而管仲才真正是天下奇才、治国能手，大王您若让他当齐国相国，一定能辅佐您使齐国强大起来。”鲍叔牙的诚恳得到了齐桓公的信任，便果断地接受了鲍叔牙的举荐。管仲出任相国后，果然非同凡响，以其卓越的治国才能，为齐国的强大作出了巨大贡献，他本人也成为春秋时期杰出的政治家。

提起鲍叔牙的所作所为，管仲曾不无感慨地说：“生我养我的是我的父母，而真正能理解我的是我的挚友鲍叔牙啊!”

在中国古代，类似“管鲍之交”的友谊故事还有许多。唐朝时的白敏中和贺拔惎就是十分感人的一例。

这一年，白敏中和好友贺拔惎同去长安参加科举考试。当年的主考官名叫王起。王起知道白敏中出身显贵之家，文采又好，私下想取他为状元；但王起嫌贺拔惎贫寒，心里不喜欢，叹息道：“白敏中怎么老同贺拔惎来往呢，多可惜呀!”他于是叫人悄悄地对白敏中说：“只要你不再同贺拔惎来往，王主考就取你当状元。”

白敏中皱起眉，没有搭话。恰巧，这时贺拔惎来了，看门的人就骗他说：“白敏中不在，到朋友家去了，晚上也不回来。”贺拔惎站了一会儿，转身就走了。

白敏中听说这件事，急忙从屋里跑出来，连连喊道：“快把拔惎请回来，快点!”贺拔惎来后，白敏中把主考官王起的意图如实告诉了朋友，并说：“状元有什么了不得的，再怎么也不能不要朋友呀!”说完，他命人摆起酒宴招待贺拔惎。两个好朋友真是酒逢知己千杯少，开怀畅饮，聊个痛快。

王起派来的人把这些看在眼里，大为生气，回去便一五一十地报告给王起，最后还说："他就是舍不得贺拔惎，咱们就偏不让他当状元。"白敏中宁肯不中状元也不能不要朋友的品德，倒把王起给感动了，他于是说："我原来只想取白敏中，现在我却同时也要取贺拔惎了。"

这一年，两位朋友都中了举，白敏中中了状元，贺拔惎中了进士。后来，白敏中在唐宣宗时还当了宰相。

令尹让位

春秋时期，楚国有个令尹，名叫虞丘子。

有一天，虞丘子对楚庄王说："我当了十年令尹，没有什么功绩，很惭愧。我想推荐一个人来接替我。"

楚庄王说："你为我办了很多年的事，使楚国一天天强盛起来，终于成了各诸侯国中的强者，你怎么能说没有功绩呢？我还有许许多多事情要你做，你为什么要离开我呢？"

虞丘子说："我年纪大了，学问又不够，老占着令尹的位子，比我更有本事的人，就不能出来为楚国效力了。有一个人名叫孙叔敖，很有学问，品行又好，老百姓都很敬重他，要是请他来当令尹，楚国一定会更加强盛。请答应我的要求，也算是我为楚国做了一桩好事吧。"

楚庄王见虞丘子说得如此恳切，只好答应了。

孙叔敖上任后，果然很有才干，把楚国治理得很好，得到举国上下的好评。

有一次，虞丘子有个家人犯了法，孙叔敖照样很公正地治了他的罪。虞丘子知道了，也没有责怪孙叔敖不讲情面。后来，虞丘子见到了楚庄王，很得意地对楚庄王说："我不是说过，孙叔敖是个很能干的人吗？这回你该相信了吧。"楚庄王也高兴地说："我得感谢你推荐了这样一位好令尹哩！"

令尹，是楚国最高的执政官名，相当于后来的宰相。虞丘子

主动让位，是需要一点勇气和思想境界的。亚圣孟子在论及为官之道时说："可以仕则仕，可以止则止，可以久则久，可以速则速，孔子也。"意思是说，应该做官就做官，应该隐退就隐退，应该长久干就长久干，应该迅速下就迅速下，圣人孔子就是这样做的。虞丘子之所以要求迅速下来，并不是因为自己已不能胜任，而是发现了比自己更能干的人，从国家的利益考虑，他才作出了迅速让位的决定。新令尹果然治国有方，而且执法公正，就是虞丘子的家人犯法也毫不例外。这更表明，虞丘子推荐孙叔敖接替自己，压根儿就没有考虑对自己是否有好处。虞丘子的这种圣人之风，与那些在其位却不谋其政而又患得患失的显官冗员相比，实有天壤之别。

特别值得一提的是，对孙叔敖的不讲情面，虞丘子并不责怪，极为大度。有一句俗话叫"宰相肚里能撑船"，这是一位名副其实的"肚里能撑船"的宰相。

还值得一提的是，孙叔敖的品行也确有过人之处。孙叔敖小的时候，到外面游玩，看见一条两个头的蛇，就把蛇打死并埋掉了。他哭着回家。母亲问他哭的原因，孙叔敖回答说："我听说见了两头蛇的人一定会死，刚才我见到了一条两头蛇，害怕离开母亲死去。"母亲说："这条蛇现在在哪里？"回答说："我怕别人又见到这条蛇，已经把它打死并埋了。"他的母亲说："我听说积了阴德的人，上天会给他福气的，你不会死的。"抛开其中的迷信因素不谈，孙叔敖在自己遭遇困境的时候还能想到别人，着实难能可贵。

公而忘私

春秋时期，晋国国君晋平公有一个得力谋臣，名叫祁黄羊。祁黄羊是一个品格高尚、心胸坦诚而又很有见地的人，很受晋平公的器重，晋平公有什么大事要决定，都要同他商议，听听他的意见。

一天，晋平公把祁黄羊召进宫，问他说："南阳县的县令出现了空缺，你看派谁去担当这个职务比较合适？"祁黄羊想了想，回答说："派解狐去，他完全能够胜任。"解狐这个人，平时与祁黄羊之间有矛盾，晋平公早有所闻，他听到祁黄羊举荐解狐，大出意料，就问："解狐不是同你有仇吗，你怎么推荐他去当县令？"祁黄羊说："您问的是谁去当南阳县的县令比较合适，又不是问谁是我的仇人。"晋平公点了点头，说："好吧！"于是就派解狐去南阳当了县令。祁黄羊的眼力果然不凡，解狐确实是个人才，到了南阳，如鱼得水，把南阳治理得非常出色，老百姓对这个新县令都很拥戴，同时也认为晋平公善于用人。晋平公知道后颇为得意，但心里明白：真正善于选人的是祁黄羊。

过了一段时间，晋平公又把祁黄羊找来，对他说："现在朝廷里还缺少一个法官，你看谁能胜任这个职务。"祁黄羊不假思索地回答说："祁午担任这个职务比较合适。"晋平公听了，又大吃一惊。原来这个祁午是祁黄羊的儿子，当时，推荐自己的亲属担任官职是很犯忌讳的事情，很容易招来闲话，一般人连普通的亲属都不敢推荐，恐怕背上“举贤不避亲”的不好名声，更别说在国君面前直接举荐自己的儿子了。晋平公还以为自己听错了，就说：“祁午不是你的儿子吗，你推荐他去朝廷当法官，就不怕别人说你有徇私情的嫌疑？”祁黄羊笑了笑说：“您问的是谁能胜任法官这个职务，又不是问我谁是我的儿子。我是谁能胜任这个职务就推荐谁，不管他跟我是什么关系，我不怕那些闲言碎语。”对于祁黄羊如此坦荡的心胸，晋平公十分欣赏，就说：“那好，就任用祁午担任法官吧！”俗话说“知子莫若父”，祁午果然是个难得的人才，担任法官这个职务尤其称职，上任不久就连获好评，朝廷上下都说晋平公又用对了人。晋平公知道后又颇为得意，心里明白：是他听祁黄羊的话完全听对了。有祁黄羊这样的贤臣实在难得啊！他对祁黄羊更加器重了。

祁黄羊的这些轶事被传为佳话。后来，孔子听说了这些轶事后，不无感慨地赞美说：“善哉，祁黄羊之论也！外举不避仇，内举不避子，祁黄羊可谓公矣！”意思是，祁黄羊说得太好了！他举荐人，完全以才德为标准，不因为才德高的是自己的仇人，就有偏见，而不推荐他；也不因为是自己的儿子怕人议论，而埋没了他。像祁黄羊这样的人才真正是公而忘私啊！

切莫点烛

楚庄王，又称荆庄王，是春秋时期楚国的国君，公元前613—前591年在位。在位期间，楚庄王先后率兵打败晋国，并迫使郑、宋等国归附，成为取代晋国而崛起的一代霸主。

公元前606年，楚庄王平定叛军凯旋而归，在郢都举行盛大的庆功会。君臣集聚一堂，开怀畅饮，从早到晚，还没尽兴。夜幕降临，大厅中烛火高照，明若白昼。楚庄王的兴致也越来越高，指令自己最宠爱的许姬出来为群臣斟酒。许姬是一位绝色美女，一现大厅，光艳照人。只见许姬手把酒具，体轻如燕，一会儿飘到东，一会儿飘到西，一个一个给文武百官斟酒。文武百官一个个像是着了迷，疯狂的喧闹声也一下子全没了。此时，外面突然狂风大作，一股风扑进大厅，把所有的蜡烛都吹灭了。许姬正在为一人斟酒，那人趁烛灭一片漆黑之际，顺手拉住许姬的衣袖，去捏她的手。这个许姬倒也厉害，伸手把那人帽子上的缨子给揪了下来，然后快步来到楚庄王面前，附耳告状，要他赶快命人点亮蜡烛，看看是谁竟敢调戏她。调戏君王的宠姬，无疑是对君王的羞辱，实属大逆不道，罪不可恕。没料到楚庄王沉默片刻，却高声喊道："切莫点烛！寡人今日要与诸卿开怀畅饮，大家不必装束得衣冠齐整了，统统把帽子给摘下来吧！"

待到莫名其妙的文武官员都把帽子摘下来以后，楚庄王才命令点亮烛光。这样，楚庄王和许姬始终都不知道拉袖子的人是谁。散

席后，许姬责怪起楚庄王来，楚庄王笑笑说："今天是我请文武百官来喝庆功酒，大家喝得都很尽兴，酒醉难免出现狂态，这又有什么奇怪呢！我知道，按你说的把那个人查出来，可以显示你的贞节，但这样一来，却让群臣不欢而散，都会说我胸怀和度量太小，那以后谁还会为我拼死效力呢！"听楚庄王这么一说，许姬顿时释怀，对夫君的心胸之开阔又多了几分敬意。

故事到此并没有结束。几年以后，楚国与郑国交战时，前部主帅的副将唐狡，自告奋勇率百余士兵充当先锋，为大军开路。由于唐狡身先士卒，楚军攻无不克，战无不摧，节节击败敌军，大胜而归。楚庄王要厚赏唐狡，唐狡却红着脸说："大王切莫厚赏，只要让我以功抵罪，末将就已感激不尽了。"楚庄王疑惑不解，问唐狡："这是怎么回事？"唐狡连忙给楚庄王跪下，边磕头边答道："上次庆功会，去拉美人手的便是我呀！蒙大王昔日不杀之恩，末将今日才舍命相报啊！"楚庄王听后大喜，不计前嫌，照样重赏了唐狡，并将其视为爱将。

刺客之死

中国历史上第一位刺客出现在公元前607年，也就是春秋时期的晋灵公十四年，名叫鉏麑。

晋灵公是襄公的儿子，即位的时候年纪很小，宰相赵盾受襄公临终托孤，成为辅政大臣。但晋灵公很快就暴露出荒淫暴虐的本性，他厚敛于民，广兴土木，滥杀无辜。他在高台上用弹弓射行人，观看他们躲避弹丸的样子，以此取乐。一次因为熊掌没炖烂，就把厨师杀掉，把尸体装到筐子里让宫女拿去扔掉。赵盾多次劝谏，但灵公全然不听，反有厌恶之意。

这时，灵公宠任的一位大夫屠岸贾献计加害赵盾，说："我有一个门客叫鉏麑，家里很穷，我常接济他，他很感激我的恩惠，愿以死效力，可让他行刺宰相!"

于是，灵公和屠岸贾秘密召见鉏麑，赐给酒食，并对他说："赵盾专权欺主，现在派你去刺杀他，不可误事。"

一天夜里，刺客鉏麑悄悄地潜伏在赵府左右。到了五更，他见府门大开，便溜进中门，看到堂上灯光影里，赵盾朝衣朝冠，垂绅正笏，端正地坐在堂上等待早晨上朝。

原来，灵公不行君道，身为辅政大臣的赵盾一直很自责——没有教导好君主。因此，他决定一定要在明日早朝上和灵公好好谈谈。也许因为过于激动，天还未亮赵盾便醒了。见无法再睡，赵盾便穿好了朝服处理起了政务，处理完国政后便穿着朝服坐在椅子上闭眼休息。这一切都被窗外的刺客钼麑看到，他不禁感叹道："真是一位位高而不忘恭敬，权重而一心一意为国为民的忠臣呀！我怎能杀他呢?"

钼麑是一个穷苦人。从这几年的生活中，他亲自感受到赵盾施行的政策给百姓带来的好处。穷人们都非常尊敬赵盾。若不是自己十数年来都受屠岸贾的接济、恩惠，他是绝不会前来行刺的。当晋灵公、屠岸贾向他述说赵盾欺君害民的罪证时，他还觉得自己认为赵盾是好人的想法是多么的幼稚。

可是当他经过几重门时，竟然发现每重门都无人把守，他才知道赵盾敞开府门让百姓告状、提意见的做法并非是传说；当他看到厨房内放的竟然是百姓们最常吃的鱼时，他所听到的传说中的赵盾非常节俭也得到了验证。如今，面对如此尊敬君主、如此勤政的赵盾，他内心的矛盾让他失去了主张。

本意上他不想杀赵盾，可这又违抗君命和愧对对自己有接济之恩的屠岸贾。想来想去都无法可解。钼麑最终决定：宁可自己死，也不能让赵盾亡。于是，不由分说，他毅然决然地一头朝旁边的一棵大槐树撞去，顿时脑浆迸裂而死。响声惊动了守门人，报知赵盾，赵盾叹息不已，吩咐暂时将钼麑浅埋于槐树之侧。

钼麑是中国历史上最早的刺客，也是所有刺客中最独特、最勇敢的一位，他为了捍卫心中的正义，选择了不杀与自杀。钼麑的行为正体现了春秋时代人们身上最宝贵的品质，为了正义，即使是君主的命令也决不执行，他们有着独立的人格。钼麑这个不成功的刺客，用自己的生命成功地谱写了一曲舍生取义的壮丽悲歌，彰显了一种光明磊落的高尚人格。后人有诗赞曰：钼麑触槐壮古今，不作庸奴害忠良。

前仆后继

春秋时候的齐国，有一位重臣叫崔杼。他的妻子与国君齐庄公通奸，崔杼得知后愤怒异常，他设下计谋，杀死了齐庄公。

出了这样的大事，史官当然要对此有所记载。庄公虽然因与大臣之妻通奸而被杀，但他毕竟一国之君，于是齐国的太史写下这样的话："崔杼弑其君。"崔杼一怒之下，把太史杀了。太史的弟弟接着照写，崔杼照杀不误。但崔杼过于相信刀斧的威力，太史的二弟仍然接着照写。远在外地的南史氏听说崔杼连杀两位史官，也毫不畏惧地拿着简册赶往都城，准备照写。崔杼见如此杀下去，不但不能掩盖自己弑君的事实，反而罪过更大，只好罢休。南史氏听说崔杼不再杀人，才放心地返回住地。

齐太史不畏强权，不怕牺牲，前仆后继，直笔写史的精神，成为后世史官的典范。文天祥《正气歌》列述正气十二例，开篇第一例便是："在齐太史简，在晋董狐笔。"董狐是晋国太史，也以直笔写史而名传后世。

崔杼只是一朝的大臣，就可以滥杀史官，作为一国之尊的皇帝，杀起史官来就更不在话下。继崔杼之后，两眼盯着史官，动辄审查、篡改史书的皇帝、权臣不乏其人。

东晋中叶，大司马桓温专权，视皇帝为傀儡。公元 369 年，桓温率步骑兵 5 万北伐前燕，在枋头（今河南省淇县东南）遭燕军突袭，晋军大败，死伤 3 万余人。桓温南征北战，屡建大功，

史
史

这是他军事生涯中最大的一次败仗。

在他手下做参军的孙盛，博学多才，曾做过著作佐郎，写了一部晋代史书，取名《晋阳秋》，当时被称做良史。《晋阳秋》一书中如实记录了桓温在枋头吃败仗的经过。桓温这时权势正隆，废皇帝司马奕为海西公，立司马昱为帝（简文帝），正紧锣密鼓地为篡位做准备。他看罢此书，大为恼怒，孙盛已告老还乡，他便威胁孙盛的儿子孙潜说："枋头一战固然失利，但绝不像你父亲所写的那样。如果这部史书得以流传，将关系到你孙氏一门的存亡。"意思是如果不改，我将杀你全家。

孙潜连忙叩头谢罪，说一定请父亲删改。哪知孙盛生性刚直，不畏权贵，不但不接受儿子的请求，还把他狠狠教训了一顿。诸子见老爹如此强硬，都跪在他面前叩头哭泣，求他为一家百余口人的性命着想，删改《晋阳秋》。孙盛更怒，又大发了一顿脾气。儿子们见劝说无效，便瞒着老爹，把书中犯忌之处偷偷作了删改。

一场灭门大祸终于得免，而桓温也如愿以偿地掩盖了那段不光彩的历史。哪知孙盛早有预见，事先将《晋阳秋》的定本抄写了两部，寄往前燕收藏。后来东晋孝武帝司马曜广求异闻，从辽东得到了这部书稿的原本，桓温篡改历史的企图终于未能得逞。

北魏大臣崔浩因编修《国书》而被杀，是中国史学史上一起骇人听闻的事件。

崔浩，字伯渊，曾仕北魏道武、明元、太武三朝，官至司徒，参与军国大计，对促进北魏统一北方起过重要作用。太武帝神䴥二年，魏世祖拓跋焘为了让自己的丰功伟绩传于后世，下诏令崔浩编纂北魏的《国书》，要求他"综理史务，述成此书，务从实录"。崔浩奉诏后，很快组织了一个写作班子，其中有中书侍郎高允与高谠、张伟、邓颖等一帮文官，连他的弟弟也参加编纂。最后由崔浩负责统稿，对全书作了最后的润色。

《国书》编好之后，整个内容又被刻成石碑，立在通衢之旁，前来观看的人络绎不绝。崔浩在编修《国书》过程中，本着直笔写史的原则，“尽述国事，备而不典”，把北魏皇室的丑闻秘事皆收录其中。在拓跋氏统一北方的过程中，崔浩常常和鲜卑贵族的意见相左，但甚得拓跋氏祖孙三代特别是拓跋焘的宠信，招致鲜卑贵族和一些大臣的仇视和忌恨。这一下，他们终于抓住了崔浩的把柄，纷纷到拓跋焘那里告状，说他把《国书》刻石立碑，将皇室秘事公之于众，是“暴扬国恶”。拓跋焘大怒，忘记了自己曾令崔浩“务从实录”等语，下令将崔浩及秘书郎吏以下参与修史的 128 人全部处死，并灭其三族。幸亏高允临难不惧，据理力争，这些人的亲属才免于一死。

由于帝王与权臣为掩恶讳过而屠刀乱挥，不知多少人因直笔写史而身首异处。然而，这并没有吓倒后来者，在漫漫历史长河中，总有那么一些将身家性命置之度外的史家，以对历史、对后人高度负责的态度，尊重史实，秉笔直书，才使许多历史的真相传诸后世。

不贪为宝

春秋时期，宋国有一个石匠，在山上开采石料时，从中发现了一块玉石，这块玉石质地绝佳，非同凡响，石匠顿时意识到自己获得了珍宝，非常兴奋，赶紧把玉石送到玉匠那里去做鉴定。玉匠一见这块玉石，眼睛一亮，拿在手上左看右看，称赞不已，告诉石匠说：“这块玉石很不一般，经过雕琢，它将是一件稀世珍宝，价值连城。”

石匠把宝玉揣在怀里，惊喜之余，心里忽然害怕起来。他担心别人知道了他有宝玉，会打他的坏主意，要是被强盗知道了，说不定自己会连性命都保不住。因福得祸的事情太多了。石匠越想，心里越惴惴不安，怎么办呢？左思右想，最后决定：与其将宝玉留在身边招惹祸害，还不如送给别人顺便表点心意。送给谁呢？他想到京都有个大臣名叫子罕，是掌管工程建设的，这个大臣在老百姓中口碑很好，于是决定这块宝玉就献给他。

子罕见有人拿宝玉来送给自己，觉得很奇怪，不肯接受。石匠以为子罕是怀疑他送来的不是宝玉，就对子罕说：“您放心，我已经请玉匠鉴定过了，玉匠说这是真正的宝玉，还说这是稀世珍宝，价值连城。不然，我也不敢拿来献给您。”

子罕一听，知道石匠误会了他的意思，就非常诚恳地对石匠说：“我并不是怀疑这是一块真正的宝玉，是价值连城的稀世珍宝。但是你不知道，关键是我这个人把不贪的品格当做珍宝，而

你把宝玉当做珍宝。如果你把宝玉送给了我，那么我们两个都失去了珍宝，既然如此，还不如各得其所，我们两个各自都保留自己的珍宝吧！”

石匠一听，连忙跪下给子罕叩头，并向子罕说了实话：“我只是一个普通百姓，家里有这么贵重的宝物，反而很不安全。我把它献给您，也是为了给自己免除祸患。”说完又给子罕叩头，恳求他把宝玉收下。

子罕听石匠这么一说，明白了实情，就连忙把石匠扶了起来，对他说：“原来如此。你放心，这个事好办，我想个法子帮你解决就是。”于是，子罕让石匠暂时住在自己的家里，请玉匠把那块玉石雕琢出来，变成一块真正的宝玉；然后把宝玉卖了，换成了钱币；最后，把钱币悉数交给石匠，并派卫士护送，把石匠平平安安地送回了家乡。

就这样，石匠拥有了他想要的财富，子罕也未丢掉他坚守的珍宝，真可谓是两全其美，皆大欢喜。

圣之和者

柳下惠，姓展，名获，字禽，春秋时期鲁国大夫。亚圣孟子将柳下惠与孔子相提并论，称之为圣人，并说："柳下惠，圣之和者也；孔子，圣之时者也。"意思是：柳下惠是圣人中平和的人，孔子是圣人中识时务的人。

孟子是这样介绍柳下惠的品格的，他说："柳下惠不羞污君，不辞小官。进不隐贤，必以其道。遗佚而不怨，厄穷而不悯。与乡人处，由由然不忍去也。"意思是说，柳下惠不以侍奉不好的君主为耻辱，也不嫌官小而推辞不干。做官时不隐藏自己的才能，并且一定坚持自己的原则。遭到遗弃时也不怨恨，处于贫穷困顿时也不哀伤。即使同鄙俗的人在一起相处，也高高兴兴的不忍心很快走开。

孟子说得不错，柳下惠就是这么一个人：他待人处事总是那么平静随和，面对处境的变化也总是那么坦坦然然。他是鲁国的大夫，曾三次担任士师，又三次被国君免官。被委任，他不喜形于色；被罢免，他也不怨形于色，而且他也不离开鲁国。有人对他说："你怎么不离开鲁国呢？像你这样有才能有修养的人，到哪里没有更好的前程！"他回答说："正直清白的做官，到哪里去不会被多次罢黜！没有正义感的做官，那又何必离开自己的国家呢！"

对于柳下惠的品格，孟子推崇备至，他赞扬说："故闻柳下惠之风者，鄙夫宽，薄夫敦。”意思是，听说过柳下惠高尚风节的人，心胸狭窄的会变得开阔宽广，尖刻浅薄的也会变得厚道起来。

尽管孟子将柳下惠与孔子相提并论，但他远远没有孔子那么出名，后世知道他的人不多。一般知道“柳下惠”这个名字的人，大多是同知道一个成语连在一起的，这个成语叫“坐怀不乱”。“坐怀不乱”，意思是女子坐在怀里也不淫乱，多用以形容男子在两性道德方面情操高尚。这个成语出自有关柳下惠的一个故事，故事说：有一个冬天的傍晚，柳下惠在回家的路上，看到一个女子倒在路旁，已经冻僵，他连忙把女子抱回家去，恐其冻死，让女子坐在自己怀里，将其焐热。整整焐了一夜，直至天明，柳下惠也没有丝毫不轨行为。成语“坐怀不乱”就是由此演化而来。

有人认为这只是个传说，并不可信。柳下惠不一定有这样的经历，有这样经历的人不一定是柳下惠；或者说根本就没有这样的事情发生，而是有人编出来一个美好故事，并把美名加到了柳下惠的头上。其实，不管有没有这样的事情发生，将美名加在柳下惠的头上还是有依据的。柳下惠自己说过：“尔为尔，我为我，虽袒裼裸裎于我侧，尔焉能浼我哉?”意思是说，你是你，我是我，就算是你赤身露体地躺在我身边，又怎么能够玷污我呢！这就是柳下惠的品格依据。把美名加在情操如此高尚的圣人头上，是合理的，比加在任何其他人的头上都更有公信力。

不欺暗室

春秋末期，卫国有一位大臣，名叫蘧伯玉，是举国公认的君子，也是国君卫灵公心目中的贤臣。

有一天晚上，蘧伯玉乘坐马车从王宫门口经过。当时宫里有个规定，臣子乘车经过王宫门口时，必须下车行礼示意，然后才能离开。一般情况下，这指的是白天；到了晚上，宫门关闭，又没有人看见，臣子不下车行礼也是可以的。但蘧伯玉认为，既然规定了这样一个礼节，那就不管什么时间，也不管有没有人看见，自己都应该遵守。就这样，到了宫门口以后，他照样停车下来，恭恭敬敬地向王宫行礼表示敬意，然后再上车继续前行。

正巧，卫灵公此时还没有睡下，正在宫里和夫人南子对坐着聊天。他听见宫外面有马车行驶的声音，还隐隐约约知道马车是从东而来向西而去，而且马车到了宫门口还停了一会儿。于是，他问夫人说："这是谁在乘车而过呀？怎么还在宫门口停了一会儿呢？"

南子不假思索地说："坐车的人肯定是蘧伯玉，他乘车路过宫门口，从东往西去了。"

卫灵公感到有点奇怪，就问南子："你怎么知道那人就一定是蘧伯玉呢？"

南子解释道："蘧伯玉是有名的忠臣、贤人，他光明正大，表里如一，既不会在公共场合故意表现自己以博名声，也不会在

无人知道的情况下做不该做的事。他这个人最遵守礼节，就是没人看见，也绝不会忽略自己应尽的礼数。因此，我肯定这个人就是蘧伯玉。”

卫灵公尽管觉得夫人的话有道理，但还不能断定这人就是蘧伯玉，于是就派人暗中去调查这件事，结果证明夫人的话还真没有说错。他心中暗暗佩服夫人的判断力，却故意想同她开个玩笑，骗她说：“我派人查过了，昨天晚上确实有人坐车经过王宫，还在宫门外停车行了礼，不过这个人并不是蘧伯玉。”

南子听了，非常高兴，马上倒了一杯酒，向卫灵公表示祝贺。卫灵公有点莫名其妙，说：“你昨晚说那人是蘧伯玉，我告诉你不是他，是另外的人，你猜错了，为什么还要向我祝贺呢?”

南子说：“原先我还以为卫国只有蘧伯玉一个贤人，现在才知道我们卫国还有一个和他一样的贤人，这说明你至少有两个贤臣，难道还不值得祝贺吗?”

卫灵公听了，觉得夫人说得很有道理，就把酒接过去喝了，笑着把真相告诉了南子，并说：“第二个贤臣倒是还没有出现，而难得的贤妻可就在我的面前啊!”

对于蘧伯玉的品格，连孔子都非常推崇，曾赞美道：“蘧伯玉真是一个君子啊!”孔子到卫国时，就住在蘧伯玉的家里。

有句成语叫“不欺暗室”，就出自这个故事。意思是说：即使是在别人察觉不到的地方也不做不该做的事。这个成语多用来赞扬一个人心地光明、表里如一的优秀品格。

取舍得失

宓子贱，孔子的学生，姓宓，名不齐，字子贱，春秋时期鲁国人。孔子在讲到宓子贱的时候说：“君子哉若人！鲁无君子者，斯焉取斯?”意思是：像他这样的人就可以称为君子！如果说鲁国没有君子，那么他这个人是从哪里取得这种品德的呢?

有一年初夏，齐国攻打鲁国，战火迅速向鲁国单父地区蔓延，宓子贱此时正在做单父宰，即担任单父这个地方的长官。当时正值麦收季节，大片的麦子已快成熟了，不久就可开镰收割。可是战争一来，这眼看到手的粮食就会被齐军抢走。当地一些父老向宓子贱提出建议，说：“麦子马上就熟了，应该赶在齐国军队到来之前，让咱们这里的老百姓去抢收，不管是谁种的，谁抢收了就归谁所有，肥水不流外人田嘛！”又说：“这样把麦子收下来，可以增加我们鲁国的粮食，而齐国的军队也抢不走粮食作军粮，他们没有粮食，自然也坚持不了多久。”不管乡中父老怎么再三请求，宓子贱坚决不同意这种做法。没过几天，齐军一到，把单父地区的小麦一抢而空。

宓子贱为了这件事，受尽乡中父老的埋怨，鲁国的大贵族季孙氏也非常气愤，派使臣向宓子贱兴师问罪。宓子贱对使臣说：“我们单父地区今年没有麦子，明年可以再种。如果官府这次发布告令，让人们去抢收麦子，那些不种麦子的人则可能不劳而获，得到不少好处。不错，如果那样做，单父地区的老百姓也确实能抢回来一些麦子，但是那些趁火打劫的人，以后便会年年期盼敌国的入侵，民风会因此变得越来越坏。再说，单父地区一年的小麦产量，对于鲁国强弱的影响其实微乎其微，鲁国不会因为得到单父地区一年的麦子就强大起来，也不会因为失去单父地区这一年的麦子就衰弱下去。但是如果让单父地区的老百姓，以至于整个鲁国的老百姓，都产生了这种借敌国入侵而能获得意外财物的心理，那才是危害我们鲁国的大敌；而这种侥幸获利的心理难以整治，那才是我们几代人的大损失呀！”宓子贱的这番话说得入情入理，掷地有声，连前来问罪的使臣听了也不禁连连点头称是。

很显然，宓子贱之所以拒绝乡中父老的劝谏，让入侵鲁国的齐军抢走了麦子，是认为失掉的仅仅是有限的那一点点粮食，而让民众产生侥幸得财得利的心理才是无限的、长久的损失。得与失如何取舍，宓子贱作出了正确的选择。为了有大的得，要能忍小的失；为了有长久的得，要能忍一时的失。在取舍得失之间，任何时候都要把国家和百姓的得失放在第一位，而把自己的得失放在第二位。这就是宓子贱的得失观，也正是他的特别值得称道的君子品格。

鞭打芦花

闵子骞，姓闵，名损，字子骞，春秋时期鲁国人，是孔子的学生中德行最好的四个学生之一。孔子特别赞美闵子骞的孝行，曾说过："孝哉闵子骞！人不间于其父母昆弟之言。"意思是：闵子骞真孝顺啊！他的父母兄弟都称他孝顺，别人听了也没有什么异议。这里说一个闵子骞少年时代的小故事。

闵子骞幼年丧母，父亲娶后母姚氏，姚氏又生了两个儿子，也就是子骞的弟弟，头一个儿子的名字叫闵蒙。

大约是在闵子骞十四五岁的光景，有一年冬天，闵父带着两个儿子外出访友，子骞是长子，父亲要他在前面驾车。车子行至今天的安徽省萧县城南的一个村庄边上时，天气骤变，北风呼号，大雪纷飞，寒气彻骨。闵子骞驾车正当风口，衣不御寒，冷得浑身瑟瑟发抖，手臂冻僵，以致缰绳脱落，鞭子掉在地上。闵父大怒，认为闵子骞衣服臃肿，畏寒如鼠；再看看身边的二儿子闵蒙，棉衣虽薄，但不畏严寒，于是更是气上加气，盛怒之下，拿起鞭子，狠狠地朝闵子骞抽去，手起鞭落，顿时布开衣裂，芦花纷飞。闵父惊疑不解，连忙再撕开二儿子闵蒙的棉衣，一看，同大儿子棉衣里的芦花完全不一样，而是雪白温软的丝绵。闵父顿时恍然大悟，方知后妻姚氏偏心至极：原来她为自己亲生的儿子闵蒙做棉衣用的都是丝绵，而为继子闵子骞做棉衣用的竟是芦花。

闵父怒不可遏，当即调转车头，迅速回到家里，急匆匆写了一份休书，要把后妻姚氏休掉。见此情景，闵子骞赶忙在父亲面前跪下，为后母求情，说："母在一子寒，母去三子单。"意思是，后母在，顶多是他这一个孩子受点冻，吃点苦；要是后母走了，就将留下三个孤单的孩子，得不到母亲的温暖。因此他恳求父亲千万不要休掉后母。如果父亲不答应他的请求，他将一直跪在父亲的面前，绝不起来。闵父稍稍冷静下来想了一想，觉得大儿子的话很有道理，尤其是大儿子的诚意和孝心深深感动了他，于是他老泪纵横地答应了儿子的请求，决定收回休书，不休掉后妻姚氏，并把跪在面前的儿子扶了起来。

姚氏知道这一切后，悔愧交加，于是痛改前非，从此以后，对待闵子骞就像自己的亲儿子一样，一家子的生活过得也更和睦了。闵子骞就此被乡里称为孝子，姚氏也被誉为慈母。"鞭打芦花"的故事也就这么一代一代地流传了下来。

安徽省萧县有一个村庄，名字叫"鞭打芦花牛车返村"，村名之长恐怕要算全国之最。这个村子原名叫闵子村，春秋时期属鲁国地域，是闵子骞的出生地。

季札挂剑

季札，春秋晚期吴国人，吴王诸樊的弟弟，时称吴公子札；受封延陵（今江苏常州）、州来（今安徽凤台），史称延陵季子或延州来季子。季札博学贤明，曾多次推让王位。他喜欢到各国观光，专程去鲁国观赏过礼乐大典。他还喜欢谈论天下盛衰之势，而且不乏真知灼见，深为时人所敬佩。

季札每次出使别国，腰间总是佩戴着一把宝剑。有一次，他出使途中路过徐国，顺便去拜访多年不见的老朋友徐君。老友来访，让徐君欣喜不已，更让他眼睛一亮的，是季札佩戴的那把宝剑，精美绝伦，实在令人羡慕。徐君赞不绝口，巴不得自己也拥有这样一把宝剑，但碍于“君子不夺人之美”的古训，没好意思向季札开口索要。其实，季札已经看出了老朋友的心思，但考虑到还要佩戴此剑出使别国，就暂时没有讲明完全可以相送，只是在心里作出决定：待完成出使别国的任务后，他将亲自把宝剑给徐君送来，让朋友得到一个意外的惊喜。

季札完成出使列国的任务，再次踏上徐国的土地，去送宝剑给徐君时，一个消息如同晴天霹雳：他的老朋友徐君，已在前不久得急病去世了。季札悲伤至极。他忍住悲痛，径直来到徐君的墓园，把腰间的宝剑解下来，虔诚地挂在了徐君墓前的柏树枝上。季札的眼里满含热泪，久久地肃立在徐君的墓前，自言自语，好像在向老朋友诉说着什么。他似乎在说：他感到非常后悔，老朋友在世的时候，他没有当场解下宝剑相赠；他似乎又在说：他希望老朋友的在天之灵能得到安慰，老朋友生前最喜欢的宝剑，他季札已经如期送来了。

对于季札的举动，随从们感到非常不解，就问季札：“徐君已经死了，您把宝剑挂在这里是给谁呢？就是给他还有什么用呢？”季札对随从们说：“徐君在世的时候，非常喜欢这把宝剑，我明白他想要这把宝剑的意愿，我当时已在心里作了承诺，一定要把这把宝剑赠送给他。现在不能因为他已经去世，看不到我的赠送了，我就不履行我心里作过的承诺，毁诺可是自贱自轻啊！”随从们听了季札的这番话，都很受感动和教育。季札在心里许下的承诺都守信，更别说嘴上的承诺了。怪不得有那么多的名流贤达乐于与他结交，都称他为“君子”，他真是当之无愧啊！随从们对他们的主人也更加敬重了。

季札挂剑的故事和他美好的品格为世代所传颂。时隔一千多年，南北朝时期的大教育家颜之推，在他的《颜氏家训》中写道：“劝一季札，而千万人立仁风矣。”意思是说，弘扬一个季札，就能使千万人树立起仁义之风。仅此一端，足见后人对季札品格的尊崇。

卧薪尝胆

公元前494年，正是多事的春秋时期。越国国君勾践拒不听从谋臣范蠡等人的劝告，贸然率军与宿敌吴国打仗。结果，强大的吴国军队把越国军队打得落花流水。一败涂地的越王勾践，只得忍受着奇耻大辱，被迫带着妻子和谋臣范蠡到吴国去，给吴王夫差当奴仆。

勾践到吴国后，就住在石头小屋里，给夫差养马，妻子和范蠡也跟着他接受被夫差使唤的耻辱。夫差每次坐车出行，总要勾践给他拉马，吴国人看见了都说："瞧！这个马夫就是勾践。"勾践只当没听见，任人取笑。

转眼三年过去了。三年里，勾践尝够了做奴仆的滋味，受尽了艰辛和耻辱。但他为了将来能报仇雪耻，仍然十分小心地伺候吴王夫差，养马、赶车，百依百顺地听从夫差摆布。一次，夫差生病，卧床不起，勾践主动前去服侍，甚至还伺候夫差如厕就寝。夫差见勾践如此俯首帖耳，以为他早已无心复国，于是，就在公元前491年把他放回越国去了。

勾践回国以后，立志发愤图强，重振越国，以雪亡国之耻。为了不让安逸的生活把自己的复仇决心和意志消磨掉，他撤掉舒适的床铺，换成用稻草铺成的地铺，夜夜枕戈而卧；同时，他还在屋内吊了一只苦胆，每天出入坐卧都要看看它，吃饭时都要舔上一口，尝尝苦胆的滋味，以时时提醒自己不能忘记三年奴仆生

涯的耻辱，不能淡化发愤图强振兴越国的意志。

为了振兴越国，勾践还采取了一系列治国安民强兵的措施。凡有才能的人，他都委以重任，任命大夫文种管理国家政务，任命谋臣范蠡管理国家军事。他大力发展生产，积聚粮草，奖励生育，减轻刑罚，薄收赋税，加强兵力，重振军队。就这样，经过“十年生聚，十年教训”的艰苦奋斗，越国终于东山再起，举国粮足兵壮，国力十分强大。公元前473年，越王勾践率领大军讨伐吴国，把吴王夫差围困在姑苏城内，夫差见大势已去，连声叹道：“悔不该当初放了勾践！”说罢，拔剑自杀身死，吴国灭亡。

越王勾践灭了吴国之后，接着率军渡过淮河，北上徐州，会合齐、晋、宋、鲁等各国诸侯。由于越国灭掉了当时所有中原诸侯无不惧怕的吴国，越王勾践也就理所当然地成了春秋时期的最后一位霸主。

我们现在常用的一个成语叫“卧薪尝胆”，就是出自越王勾践报仇雪耻的故事。这个成语一般用来形容一个人为国家忍辱负重，立志报仇雪耻，以图东山再起；有时也被引申用来形容一个人在学习上刻苦自励，奋发图强，以期有所成就。

以贵下贱

战国初期，魏国迅速强盛起来，这是同贤明的开国之君魏文侯能够“以贵下贱”分不开的。

魏国有一个叫段木干的人，德才兼备，声望很高。他在一条偏僻的小巷里隐居，不愿出来做官。魏文侯想和他见面，向他请教治理国家的方法。一日，魏文侯坐着车亲自去段木干家拜访，不料段木干听见车马响动声，连忙翻过墙跑了。魏文侯碰了个钉子，只好怏怏而回。以后接连几次去拜访，段木干就是不肯相见。即使这样，魏文侯对段木干始终非常尊敬，每当马车路过段木干家门口，他都要从座位上起身，扶着马车前面的栏杆，延颈仰望，以示敬意。车夫问：“您瞧什么哪?”魏文侯回答：“我看段木干先生在家没有。”车夫气呼呼地说：“此人也太不识抬举了！您几次去访他，他都不露面，还理他做什么!”魏文侯摆了摆手说：“段木干先生是个了不起的人！学识渊博，品德高尚，不趋炎附势。这种人，我怎么可以不尊重呢!”最后，魏文侯干脆不摆国君的排场，不坐马车，不带仪仗，徒步来到段木干家里，这回总算见了面。魏文侯谦虚恭敬地向段木干求教，段木干被他的诚意所感动，为他出了不少好主意。魏文侯请段木干出任相国，段木干怎么也不干。魏文侯便拜他为老师，经常来拜望他，听取他对解决国家重大问题的意见。

这件事很快就传开了。一些有识之士得知魏文侯如此礼贤下士、尊重人才，颇为震动，便纷纷投奔魏文侯，愿意为他效力，其中就包括极有治国才能的李悝。当魏文侯发现李悝的才能后，就拜他为相国，非常谦虚地同他商讨治国方略，李悝也毫无保留地提出他的改革建议。主要有三条：一是在经济上统一分配农民耕地，平价收售粮食，发展个体小农生产；二是在政治上采取“食有劳”、“禄有功”、“赏有贤”、“罚必当”等措施，废止世袭贵族特权；三是在军事上建立常备的“武卒”制度。另外，李悝还搜集整理了各国新兴地主阶级制定的法律，编写了中国历史上第一部比较系统的封建法典——《法经》，用法律形式将封建制度固定下来，以保护新兴地主阶级的政治经济权利。魏文侯非常赞同李悝的主张，全部采纳李悝的建议并付诸实施，魏国很快就富强起来，魏文帝也成为称雄一方的诸侯。

《易经》上说：“以贵下贱，大得民也。”魏文侯放下自己尊贵的身份，虔诚而谦虚地求教和求助于地位比他低的人，赢得了民心；更重要的，是他用他的美好品格换来了智慧，换来了治理国家的真知灼见，也换来了成功。

训儿退贿

战国时期，齐国齐宣王手下有一位丞相，名叫田稷。

田稷做了三年官以后，请假回家探亲，带回黄金百镒，奉献给自己的母亲。镒，是中国古代的重量单位，一镒相当于今天的20两或24两。这就是说，田稷带给母亲的黄金，至少也有2000余两，可实在是一个不小的数目。

本来，田稷以为母亲见了这样贵重的礼物，一定会十分高兴。不料田母一见，脸上的笑意顿时消失。她指着面前的黄金，向儿子发问道："你怎么得到这么多黄金?"

"这是我做官所得的俸禄。"田稷回答。

田母明知故问："你做官几年了?"

"三年。"田稷答道。

田母又问："你当官只有三年，竟然余下这么多俸禄，难道这些年里，你就不吃饭、不穿衣、不用钱吗?"

"我……不……母亲……"田稷吞吞吐吐地答不上来了。

田母沉下脸来，厉声责问："你说，你是不是向下属们索取贿赂了?"

田稷不得不承认：这些黄金，确实是下属官吏们送给他的。

弄清这些黄金的来历以后，田母觉得，应当利用这个机会，对儿子狠狠地教训一番。

田母严肃地对儿子说："我听人说，读书之人应当注重修身，为人要忠诚老实，办事要尽心尽力。最要紧的是，行为要廉洁清正。不合仁义的事情不应去做，不正当的钱财不应去取。这是对读书人的起码要求，也是做人的基本道理。你难道不懂吗？”

田稷只是默默点头，不敢回答。

田母进一步说：“而且，你还不是一般的读书人，你是朝廷里的一员大官。你身为丞相，国家已经给了你优厚的俸禄，为的是要你把国家的事情办好。你应当比一般读书人更廉洁公正，而绝不能贪赃枉法，贪利忘义。只有这样，你才不会辜负国君对你的期望，自己也才能堂堂做人，成就一番事业。可是如今你的作为，距离这个标准不是太远了吗？”

田稷还只是默默点头，不敢回答。

田母又进一步说："为人之子，理应孝敬父母。你拿这么贵重的礼物来侍奉我，也是出于一片好意。但是，你对我的真正孝敬，不在钱财，而在你能做一个好官。这才是我所想得到的。如今，你做官做到这个份儿上，恰恰不是我所希望的。不义之财，我不能要；不孝之子，也没有资格做我的儿子。你不是我的儿子，你走吧！"

母亲的严厉批评，像铁锤击石，锤锤敲打着田稷的心，使他羞愧得无地自容。他立即告别母亲，回到朝廷，把受贿的黄金全部退还原主。同时上书齐宣王，请求齐宣王将他下狱治罪。

齐宣王得知以后，对田稷的母亲大加赞扬，立即下令重金赏赐田母，以表彰她教子廉洁奉公的美德。同时，齐宣王决定赦免田稷的罪，让他继续担任丞相的官职。齐宣王懂得，田稷有如此贤德、如此有见识的母亲，他的儿子完全值得信任。

齐宣王还真有一点儿眼力。后来，田稷果然成了一名廉洁奉公、不谋私利的好官。

一饭千金

韩信，西汉初著名军事家，淮阴（今江苏清江）人，曾被刘邦拜为大将军，是汉代的开国功臣。

韩信年轻的时候经历非常坎坷。少年时代，他也读过书，还学过武。后来他父母都去世了，剩下他一个人无依无靠，又只知道读书习武，没有什么挣钱的本事，日子过得贫苦不堪。实在没有办法，他只好到别人家去混饭吃，日子长了，人家也不免有点讨厌他。韩信受不了人家的冷眼，就去投靠过去同他家有点熟识的一位亭长，亭长对他还算客气，可是亭长的老婆对他很不欢迎，常常说一些难听的话。韩信忍受不了亭长老婆的指桑骂槐，就又匆匆地离开了亭长家。韩信实在没有地方可去了，就只好到淮河边上去钓鱼，钓到了可以卖点钱换碗饭吃，钓不到就只得挨饿。

在淮河边钓鱼的日子里，韩信认识了一位善良、直爽、富有同情心的老妈妈。这位老妈妈靠给人家漂洗丝絮过日子，天天在淮河边上劳作。老妈妈每天的中饭都是家里的人给她送来，就在河边吃。她见韩信经常饿肚子，觉得怪可怜的，就把自己的饭分一半给韩信吃，一连好多天都是这样。

韩信非常感动，有一天，他吃完饭，对老妈妈说："您老人家对我这么好，我会一辈子牢记在心，将来我一定要好好地报答您老人家。"

没想到老妈妈听了反而有点生气，就对韩信说：“男子汉大丈夫连饭都吃不上，太没有出息了！我是看到公子你可怜才分点饭给你吃的，哪里指望你以后有什么报答呀！”

韩信听了，既感到惭愧，又受到震动和激励。面对老妈妈，他突然觉得自己应该奋发起来，靠自己的努力去谋生存，谋事业。于是，他抛掉钓竿，离开淮水，走出了家乡。他先是投奔到项梁手下当兵，项梁死了又跟着项羽，但都没有受到重用。最后，他投靠刘邦，得到大臣萧何的赏识，萧何在刘邦面前极力推荐，刘邦拜韩信为大将军。韩信为刘邦打败项羽立下了赫赫战功，被刘邦封为楚王。

韩信当了楚王，富贵了，他想起了自己年轻时候的坎坷经历，想起了对自己有恩的人。他首先想到的就是那位在淮河边上漂洗丝絮的老妈妈。这位老妈妈当年对自己的恩德让韩信难忘，于是他立即派人把那位老妈妈请来，送给她一千两金子作为报答，并一再对她在自己最困苦的时候给予的帮助表示感谢。

这太让老妈妈感到意外了，她连连推辞说：“我不要报答。”又说：“那只是小小的一碗饭，这一千两金子也太重了。”

韩信说：“一碗饭虽小，恩情重大。”

老妈妈见推辞不掉，只得收下，非常激动地对韩信说：“你知道报恩，可真是个男子汉大丈夫啊！”

“滴水之恩，涌泉相报”，自古以来就是中国人的传统美德，“一饭千金”的故事是对这种美德的最好诠释。

宠辱不惊

西汉时期，汉武帝手下有一位将军，名叫卫青。卫青不仅能征善战，曾七度出击匈奴，战绩显赫；而且不计荣辱，名成敢于身退，是少数能对荣誉保持警惕的真正名将。

少年时代，卫青曾是汉武帝姐姐平阳公主的家奴，干过放牧羊群的苦差。当时有人替卫青看相说："你有贵人相，将来能封侯。"卫青平静地说："先别说将来，只要现在不挨打受骂，我也就满足了。"放羊很辛苦，但卫青干得很认真、很尽职，从中培养了他的智慧和毅力。后来，卫青的姐姐卫子夫成了皇帝的宠姬，卫青才好不容易应召入宫，当上了一名下级官吏。但陈皇后嫉恨卫子夫，想在卫青身上泄恨，毫无正当理由便把卫青逮捕监禁起来，多亏好友公孙敖率领一队壮士赶来，将他救出。

不料因祸得福。因为这次事件，卫青的名字传到汉武帝那里，汉武帝把卫青提拔为王宫的警卫队长。而真正想重用卫青，是在汉武帝酝酿讨伐匈奴新构想的时候。卫青最为汉武帝欣赏的有两点，一是锐气内敛的性格，二是放牧羊群的经历。按照汉武帝的哲学，一个出色的放牛娃，肯定能成为一名称职的大将军。理由是：放羊的人不能对任何一头羊具有特别的爱惜心理，为了把多数的羊群赶到一个目的地，必须经常注意羊群的动向；如有饿狼来吃羊，必须牺牲几头羊来救出羊群；如果有的羊逃出羊群以外，必须施以无情的鞭打以示警戒。所有这些，不正是指挥庞大的野战军团机动作战应具备的条件吗！

果然，公元前127年秋天，汉武帝决定发兵征伐匈奴时，放着诸多名将不用，重用卫青，命令他与另外三位将领一道，各率一万骠骑兵，出击匈奴。卫青初出茅庐就表现出非凡的军事才能，他巧妙灵活地贯彻汉武帝的野战军团机动作战的战略意图，率领轻骑兵军团以迅雷不及掩耳之势，直捣匈奴军重要的大本营龙城。龙城的匈奴军对卫青军团的快速推进和长驱直入毫无警惕，一遭突击便完全瓦解。卫青部队捕获数万敌军，获得汉朝开基以来的最大战果，也完全实现了汉武帝机动作战的构想。卫青军团大胜而归，另三支军团却失败得很惨。只有卫青受到汉武帝的重赏，被封为关内侯。

从此，卫青一跃而成为大汉帝国军队的新王牌，成为指挥讨伐匈奴大军作战的统帅。年复一年，至公元前124年发动的总攻击为止，卫青连续四次率军团远征，战果累累，把全部鄂尔多斯

地区纳入汉帝国的版图，基本上实现了汉武帝的愿望。

稍后，有一位青年将领脱颖而出，名叫霍去病，成为汉武帝的新宠。汉武帝有意无意地想把精锐部队交给霍去病指挥。身居大将军地位的卫青，已看出汉武帝要把汉军指挥中心向霍去病身上转移的意图，毫无怨言，暗自下了决心，待有了机会，自己要默默地抽身而出。

时机终于来临。公元前 119 年，汉武帝决定和单于进行最后一次大决战，一举断绝后顾之忧。根据汉武帝的命令，卫青和霍去病各率一支部队，联合出征。他们深入漠北，击败匈奴主力，控制了河套地区，大胜而归。从此，青年名将霍去病的威名已固若磐石，卫青也完成了最后的使命，悄然而退。

卫青的人生波澜起伏，从地位低下的放牛娃，到受到皇帝器重的大将军，天壤之别。对此，卫青安之若素，宠辱不惊。他把名誉、荣辱看得很轻很轻，正因为这样，他的英名在后世人的心里却很重很重。

苏武牧羊

公元前100年，汉武帝准备出兵攻打匈奴，正赶上匈奴派使者前来求和，并释放了原来扣押的汉朝使者。汉武帝为了回应匈奴的友好表示，派中郎将苏武拿着旌节，带着副手张胜和随员常惠，去匈奴复命。

在苏武出使匈奴之前，就有个名叫卫律的汉人投降了匈奴，受到单于器重。卫律有一个部下叫虞常，对卫律很不满意。他跟苏武的副手张胜原来是朋友，就暗中跟张胜密谋杀死卫律，同时劫持单于的母亲，然后逃回中原。一个月以后，单于外出打猎，虞常带领70多人准备趁机起事，没想到有人告密，事情败露，企图逃跑的虞常也被匈奴人逮住。单于命令卫律亲自审问虞常。

苏武本来没有参与这件事。张胜怕受虞常牵连，这时才将事情经过告诉了苏武。苏武说："事情已经到了这一地步，一定会牵连到我。我作为汉朝的使者，如果让匈奴人审问以后再死，不是给大汉朝廷丢脸吗?"说罢，拔出刀来就要自杀。好在张胜和常惠眼快，夺下苏武手中的刀，把他劝住了。

虞常在刑罚面前只好招认，并供出同谋张胜。卫律向单于报告，单于大怒，要杀死汉朝使者，被大臣们劝住了。单于叫卫律去逼迫苏武投降。

苏武一听卫律叫他投降，坚定地说："我是汉朝的使者，如果违背了使命，丧失了气节，活下去还有什么脸见人!"趁大家不防备，他又拔出刀来自杀。众人来不及阻止，锋利的刀刃割破了咽喉，血流如注。卫律急忙叫人请医生来抢救。经过抢救，苏武才慢慢苏醒过来。

单于觉得苏武是个有气节的好汉，十分钦佩，等苏武的伤势稍加好转，又想逼迫苏武投降。他让卫律继续审问虞常，并让苏武旁听。卫律先将虞常定了死罪，接着举剑威胁张胜，张胜贪生怕死，投降了。卫律又举剑威胁苏武，苏武不动声色，卫律没法，只得把剑放下，对苏武说：“我也是不得已才投降匈奴的，单于待我很好，封我为王，给我几万名部下和遍野牛羊，享尽富贵荣华。先生如果能向匈奴投降，也会和我一样前途无量。何必白白地送掉性命呢?”苏武愤怒了，骂道：“卫律，你是汉朝的臣子，却忘恩负义，背叛朝廷，背叛父母，厚颜无耻地做奴才，还有什么脸来和我说话？我绝不会投降，怎么逼我也没有用!”

卫律碰了一鼻子灰，去向单于报告。单于见实在没有办法让苏武投降，便派人把苏武送到北海（今西伯利亚贝加尔湖一带）去放羊，并对苏武说：“等到公羊生了小羊，才能放你回去。”并且把苏武与别的人分隔开来，不许他们互通消息。

苏武到了北海，空荡荡的大地上整天见不到一个人影，伴着他的只有那遍野的羊群。苏武并不气馁，整天拿着那根代表汉朝的旌节，行走坐卧都不离身。匈奴人不给他吃的东西，他就掘野鼠洞里的草根充饥。

转眼过去了十多年，单于死了，匈奴国内发生内乱。新单于没有力量再跟汉朝交战，派使者前往汉朝求和。这时汉武帝已去世，他的儿子汉昭帝即位。汉昭帝派使者去匈奴，要求单于放回苏武，匈奴谎说苏武早已死去。使者回来向汉昭帝报告，汉昭帝不信，再次派使者去匈奴查寻苏武的下落。苏武的随从常惠买通了匈奴人，私下里和汉使者见面，把苏武在北海牧羊的实情告诉了使者。使者去见单于，质问道：“匈奴既然存心同汉朝和好，就不应该欺骗汉朝。我们皇上在上林苑射下一只大雁，雁脚上拴着一条绸子，上面写着苏武还在一个大湖边牧羊，你怎么说他死了呢?”

单于听了大吃一惊，他还以为真的是苏武的忠义感动了飞鸿，替苏武传送消息呢！他向使者道歉说：“苏武确实还活着，我们把他放回去就是了。”

苏武在匈奴被扣19年，初出使时还是一个壮年人，返回汉朝已是一个白发苍苍的老人了。长安百姓听说了此事，都出来迎接他。当他们看见苍老的苏武还拿着代表汉朝的旌节时，没有一个不感动的，称赞苏武是个真正了不起的民族英雄。

《汉书》的作者班固在称赞苏武时说：孔子所说的“志士仁人，无求生以害仁，有杀身以成仁”和“始于四方，不辱君命”，这在苏武身上都体现出来了。

后来，人们用“苏武牧羊”这个典故来赞美坚贞不屈的民族气节，用“鸿雁传书”来指代从远方传来的书信。

不弃糟糠

东汉时期，光武帝刘秀继位以后，听说长安有个叫宋弘的人品德高尚，便征召他入朝，先是拜为太中大夫，后擢升为大司空，负责监察、执法，并兼管重要的文书图籍，位次仅在丞相之下。

一天，光武帝刘秀下诏，要在偏殿召见大司空宋弘。听说皇上要召见自己，宋弘闹不清是怎么回事，便匆匆来到宫里。路上，他悄悄问一位太监："皇上召我何事?"老太监笑着说："好事，你要当皇亲国戚了。"

原来，刘秀的姐姐湖阳公主刚刚死了丈夫，她向弟弟表示，愿意再嫁给宋弘做妻子。刘秀心想宋弘虽有妻子，但娶了公主，就成了皇亲国戚，他哪会不动心呢！于是，刘秀爽快地答应姐姐，由他来促成此事，请姐姐放心。这天，他让姐姐坐在屏风后面，然后就把宋弘叫到宫里来了。

宋弘来后，刘秀先同他谈了一点政事，然后笑了笑说："谚言贵易交，富易妻，人情乎?"意思是，俗话说，当了官就另交朋友，发了财就改娶老婆，这也是人之常情吧？啊，话里有话呀！宋弘知道湖阳公主新寡，又想起刚才老太监说的话，立刻就明白了皇上的用意。此时，他不禁想到了自己的结发妻子。当初，宋弘的父亲被奸臣迫害致死，他在政治上受歧视，生活上遭艰难，尽管这样，妻子却愿意下嫁给他，并一直同他患难与共，

甘苦同尝。这样的好妻子，怎么能中途抛弃呢！于是，宋弘接过刘秀的话茬，神情庄重地答道："臣也记得古代圣贤说过这样的话，叫做'贫贱之交不可忘，糟糠之妻不下堂'。陛下，您的意思是说，这才是高尚的人应该具有的品格吧！"

刘秀听宋弘这么一说，顿时就明白了宋弘的决心，他是以德为重，绝不肯弃妻另娶的，不管是什么人也打动不了他。刘秀是一个比较开明的皇帝，不但没有生气，反而对宋弘又增添了几分好感。于是，他又微微地笑了笑，摆摆手，表示不再谈论此事，另改话题了。坐在屏风后面的湖阳公主，听了宋弘的一番话，也知趣地走开了。

刘秀在这里所说的"贵易交，富易妻"，确实反映了一些普通人的共同弱点。但它对那些有操守、有品格的人并不适用，比方说对于这个故事中的宋弘就是这样。宋弘和有着宋弘一样品格的人，他们有另外的道德准则，绝不能抛弃患难与共的糟糠之妻，就是他们绝不会背离的一条道德准则。“不弃糟糠”与“富贵易妻”实际上是两种不同的人生哲学，虽说难有是非之分，但就品格层面而言，实有高下之别。

刘秀还有一个大贡献也值得一提。这个并不太有名的皇帝却说过一句非常有名的话，那就是：“有志者，事竟成也。”这或许是这位皇帝在不经意间说的，但“有志者事竟成”，却成了千载流传并被有志之士高悬于心间的不朽格言。

无私皇后

东汉光武帝时期，有位名将名叫马援，功勋卓著。马援有个女儿，自幼聪明伶俐，不幸的是母亲早逝，父亲又长年征战在外，关照弟妹等家事，不得不过早地落在她的肩上。这也使她早早地懂事、成熟起来。后来，马援在征讨武陵“五溪蛮”时，病死军中。光武帝出于对名将之后的爱怜，将马援的13岁女儿召入宫中，留在阴皇后身边使唤。太子刘庄（即汉明帝）见马女端庄秀丽，知书达理，渐生爱意。刘庄继位后，即立马女为贵人，三年后，又立贵人马氏为皇后。

马皇后才貌双全，熟读经书，懂得治国之道。涉及国家的重大政令，她总能提出自己的见解，而且比较高明，让汉明帝很是佩服。公元70年和73年，由于汉明帝没有调查清楚，就大兴问师之罪，造成两起类似的冤案，殃及数千人。马皇后对这种情况非常忧虑。从国家长远利益出发，她大胆向明帝谏言，说明这样下去非常危险，将危及国家的长治久安。明帝采纳了马皇后的意见，没有让这类事件再度发生。

马皇后没有儿子，汉明帝因见她考虑事情周到，又有较高修养，就把贾妃生的儿子刘炟送到她身边，由她抚养教育。马皇后对刘炟既爱又严，既言教又身教，深得刘炟的敬重。刘炟（即汉章帝）即位后，马皇后被尊为皇太后。为了辅佐刘炟，使其了解前朝的历史，马皇后开始撰写汉明帝起居注。马皇后的哥哥马防曾司汉明帝的保健与用药之职，本应写进起居注中，但是马皇后只字未提。章帝看了对太后说：“我的舅舅在父皇身边忙碌多年，功劳不大但贡献不小，书中总该写他一笔吧！”马皇后却说：“他们多尽些力是应该的。”

马皇后从不凭借自己的地位为亲戚谋私利。相反，她对马家兄弟平日的言行要求非常严格。她曾向京城官吏们表示：“如有马家兄弟违犯地方法令，请依法制裁并报告给我；他们若做了好事，也请给予表彰和赏赐。眼下他们都有一定的官职，如不称职或违法，就应当罢官，送回老家。”

汉章帝初登基时，曾打算给几位舅舅加封爵位，一些喜欢奉承的大臣也怂恿年轻皇帝这样做。马皇后却坚决不同意。章帝担心不给舅舅们封侯，他们会终生怀恨自己。马皇后经过认真思考，为章帝想了一个两全其美的办法。她说：“高祖时就有规定，没有军功者不能封侯，马氏兄弟目前还没有给国家立下什么军功。你应该为你的舅舅们创造条件，鼓励他们努力去建功立业。”章帝采纳了母后的建议，不是急着给舅舅封侯，而是让他们去沙场建立军功。公元77年8月，马防同耿恭率兵平定烧当羌；第二年又大败西羌兵。马防功勋显赫，年底便被章帝任命为车骑大将军，水到渠成，名正言顺。

公元79年6月，为宫廷和国事操劳一生的马皇后得了重病，她不相信那些神巫邪术，也不喜欢人们为她祈祷。不久，她便默默离开人世，死时才40多岁。“无私皇后”英年早逝，她的美好品格为后人景仰。

天知我知

东汉时期，灵帝刘宏在位的时候（公元168—184年之间），社会上盛行一种“卖官”的风气。什么叫“卖官”呢？“卖官”就是有钱的人拿钱就可以买个官做。

当时，汉灵帝手下有个名叫杨奇的官员，对这种怪现象大为不满，就给汉灵帝上书，希望皇帝能下令禁止这种做法。

汉灵帝看着杨奇的上书直皱眉头，立即吩咐手下人把杨奇喊来。

见了杨奇，汉灵帝压根儿不提“卖官”的事，倒是劈头问了杨奇一个问题：“你说说看，我跟桓帝相比，谁好？”

杨奇干脆地回答道：“亦犹虞舜比德唐尧。”意思是：这也就像拿虞舜同唐尧比道德，看谁更高尚一样。也就是说，你灵帝同桓帝不能相比，你差多了。

听惯了奉承话的汉灵帝满脸不高兴，叹了一口气说：“你真是杨震的子孙，和你曾祖父一样的脾气。”

杨奇的曾祖父杨震是个什么样的人呢？皇帝对他的印象为什么这样深呢？

杨震，东汉弘年华阴（今属陕西省）人，穷秀才出身。小时候勤学苦读，饱览经书，知识渊博，时人称之为“关西孔夫子”。先后做过县令、刺史、太尉，汉光帝时还做过朝廷的军政首脑。杨震为官正直，廉洁奉公，身居高位，两袖清风，有不少佳话为世人传颂。

《后汉书》上记载着这样一段史实：东汉永初二年（公元108年）冬天，杨震出任东莱太守，赴任途中路过昌邑县。这个县的县太爷王密，是杨震当年在荆州任刺史时所举的秀才，后来当了官，多少有点不忘师长的举荐栽培之恩；而且，王密还想趁机攀住杨震这棵大树，以便得到更多的好处。于是，趁夜深人静，王密带着10斤黄金，悄悄来到杨震住处，要送给杨震作为“谢礼”。

杨震见状勃然大怒：“王密，看来我很了解你，可你并不了解我。你说你这是为什么？”王密对着杨震的耳朵窃窃私语：“我趁夜间而来，不会有人知道。你怕什么？”

杨震更加严肃地说：“天知，地知，你知，我知，怎么能说没人知道呢！”

杨震坚决拒收这份“谢礼”。王密讨了个没趣，只得羞愧而去。

杨震对自己要求严格，对子女要求也同样严格。他平常就是以这样的行为和品德来教育和影响子女的。杨震历任各种官职，每年薪俸都在两千石以上，但他一家的生活却非常节俭，甚至同那些贫寒的平常老百姓家庭没有两样。他要求孩子经常吃同老百姓一样的饭，经常穿同老百姓一样的衣。子女外出，他不许他们骑马，也不许他们坐车，而必须步行。他更不允许子女仗着自己的地位抖威风、欺压百姓。一句话，他不让自己的子女搞一丝一毫的“特殊化”。

杨震到了晚年，亲戚朋友劝他给后代做些打算，留点家产。可杨震说：“我早就给他们做过打算，留下了东西呀!”

朋友们感到不理解，说：“没有见你为儿女置下的田产在哪里，你留下什么了?”

杨震回答说：“留下一身清白，让后世人说我的儿孙是清官的后代，这不比留下万贯家财更丰厚、更值钱吗!”

“一身清白”，这就是杨震留给他的儿孙的宝贵遗产。

可喜的是，杨震的儿孙没有辜负先辈的期望，把“清白”家风一代又一代地传了下去。

杨震的儿子杨秉，也曾担任过刺史、太尉等官职。但他“计月受俸，余禄不入私门”，不接受任何一点额外之财。有一次，有个下属官吏“赍钱百万遗之”，他坚决“闭门不受”，把那个抱着百万金钱的下属官吏拒之门外。《后汉书》上说他“少传父业”，又说他“以廉洁称”，一点儿也不过誉。他从父辈那儿继承过来的不是别的，而是清白廉洁的家风。杨秉的儿子杨赐，史书上说他“少传家学，笃志博闻”，很有一点儿他祖父年轻时的气质，而且他不追求升官发财，热衷“教授门徒，不答州郡礼命”，同样继承了祖父、父亲那种耿直、廉洁的美好品格。再传下去，就是杨赐的儿子杨奇，连皇帝大人都说他的脾气同曾祖父杨震一模一样。

我们现在常说的“富不过三代”的现象，这指的是物质领域；在精神领域，美好的品格是可以一代一代传下来的，杨震一家清白之风代代相传，即为佐证。

以死消祸

东汉末期，宦官掌权，政治黑暗，一部分比较正直的官吏和太学生联合起来，与宦官集团作斗争。宦官诬告他们“共为部党，诽讪朝廷，肆乱风俗”，于是汉桓帝下令搜捕“党人”，予以治罪。时任司隶校尉的李膺和时任尚书令的杜密等人，就都是在这次搜捕中被谋杀的领袖人物。时任汝南功曹的范滂（137—169）同时被捕入狱。在狱中，他念及同囚多病弱，乃请先就酷刑。后获释，返回家乡汝南征羌（今河南省境内）时，汝南、南阳等地出迎者多达数千人。

汉灵帝建宁二年（公元 169 年），朝廷又大肆诛捕党人，诏令紧急搜捕范滂等党人骨干。最早知此凶讯的是督邮吴军，他怀揣搜捕范滂的诏书，回到县里以后，关闭驿舍，伏在床上痛哭。范滂得知后说：“这肯定是因为我啊！”于是，他便自己赶到县衙门口，毅然投案。县令郭揖大吃一惊，立即从里面出来，解下官印和绶带，拉着范滂要和他一起逃跑，并说：“天下大得很，你哪里不可以藏身，为何跑到这里来？”范滂说：“我范滂死了，这场灾祸就可以停止了。我怎么忍心连累你，同时又怎么忍心让我的老母亲跟着我颠沛流离呢！”范滂知道，如果他一个人单独逃匿，朝廷势必要向他的母亲追问他的下落，拷打逼供在所难免；让母亲一个人单独逃匿也不行，母亲不会同意，他也不放心；如果母亲跟随他一起逃匿，势必要东藏西躲，担惊受怕，吃尽人间苦头。他不能让母亲因他而吃苦受罪。

范滂的母亲得知儿子投案的消息后，也匆匆赶到县衙与儿子见最后一面。范滂对母亲说：“仲博弟为人孝敬，足可以供养母亲；我将命归黄泉，追随父亲龙舒君（范滂父亲曾为龙舒侯相）去了。弟弟与我一存一亡，各得其所。我只是希望母亲大人能割断母子之间难以割舍的恩爱，不要因为我的离别人世而过分悲伤。”范滂的母亲也是一位深明大义的妇人，她对儿子说：“你如今能与你所尊敬的李膺、杜密齐名，死了又有什么遗憾！既然已经赢得了美名，再乞求高寿，在这个阉党横行的时代，怎么能够兼得呢！”范滂跪在地上聆听母亲的教诲，而后又给母亲磕了三个头，站起身来请母亲允许他就此告别。母亲最后对范滂说：“我想让你作恶，可是恶万万是不能作的；还是让你做善事吧，要你做善事也就是我不做恶事。”母子诀别前的一番对话，大义凛然，情真意切，听者无不为之动容。

《后汉书·党锢传》的序言里说：当时士大夫和太学生把他们的首领或代表人物，推崇为三君、八俊、八顾等等，其中李膺、杜密属八俊，而范滂属八顾，“顾者，言能以德行引人者也”，也就是能以自己的美好品格做表率引领众人的人。范滂从青少年时代起，就以有孝心、有德操、有正义感和不畏强暴而名闻乡里。为官后，抑制豪强，曾打击“深为民害”的刺史、二千石权豪之党20余人。面对朝廷政治腐败，他毫不犹豫地同李膺、杜密等人一道，举起正义的旗帜，站到了反对宦官专政的前列。范滂死时年仅33岁，他以“东汉名士”的美名载入史册。

五斗折腰

陶渊明出身官宦世家。他的曾祖父陶侃，是东晋前期的重臣；祖父陶茂和父亲陶逸，也都做过太守。当初，北府兵首领刘裕（即后来南朝的第一个皇帝宋武帝）认为陶渊明是名门大将之后，就请他做了参军。谁知才共事几个月，便发现他虽然“闲静少言，不慕荣利”，但也“纵情诗酒，性刚直率”，这种人怎能忍受得了官场上的周旋？所以两人见面常常觉得话不投机。

义熙元年（405 年），刘裕经过多次征战，俘杀拥兵篡位的桓玄后，实际上已掌握了东晋王朝的大权。为了庆贺胜利，他便在建康（今南京）将军府大宴幕僚。宾客开怀畅饮，喝得有几分醉意时，刘裕让大家谈谈抱负和志向。话音刚落，只见陶渊明醉眼蒙眬，踉踉跄跄地走上前来，说道：“今观天下大势，先是司马道子专权，随后王国保乱政，接着又是王恭起兵，桓玄夺位，你争我斗，相互残杀，都是为了谋权逐利。当今皇上臣子，既无意整顿国政，又不想收复失地，处于这种变化时局，每日周旋于官场之中，或曲意逢迎，或互相攻讦，或尔虞我诈，或彼此倾轧，实在毫无意思。”他说完情不自禁地长叹一声，又顺口吟了几句诗：“志意多所耻，不如归田园；静念园林好，人间良可辞。”

众幕僚一听，知道他是在埋怨自己的抱负受到非难，不愿再在官场周旋，而想回乡归隐田园，都为他这样当面顶撞刘裕捏一把汗，便赶忙打圆场说："陶参军多喝了几杯，在说醉话呢！"刘裕本来也觉得十分扫兴，正想发作，但一见是陶参军，知道他性格直率，口无遮拦，并非真正跟自己过不去，就叫侍卫把他扶下去休息了。

第二天早上，陶渊明一觉醒来，觉得刘裕待自己不薄，昨天晚上那样对他有些过分了，便借机说自己生性喜欢农村田园生活，能在下面地方上有个差使，每日有酒喝，就十分满足了。刘裕本来就觉得他的性情和自己不太合拍，今见他主动提出辞官，便落得做个顺水人情，推荐他到彭泽县（今江西湖口县）去当了个县令。

县令不过是个九品芝麻官，在县城里没有什么官场应付，但有公田奉养，每日可以饮酒作诗，陶渊明觉得日子倒也自在。不想上任刚八十来天，就赶上年底，上级派一督邮（一种检查县令政绩和宣达上级指示的官）来县里巡视。当时，陶渊明正在自己房里吟咏诗篇，听手下的属吏说来了督邮，十分扫兴，不得不勉强放下诗卷，准备跟属吏去拜见督邮。

属吏看陶渊明穿着便装，随随便便的样子，吃惊地说："上级官员来了，你该换上官服，衣冠整齐地去拜见才好。"

陶渊明向来看不惯那些依仗权势、摆臭架子的督邮，一听小吏说对这种人还要穿着官服行礼膜拜，便长叹一声："我岂能为五斗米折腰向乡里小儿!"

陶渊明是一个才高气傲的人，他怎么肯为挣一点薪俸，而向一个只知道欺压老百姓的小官吏点头哈腰！然而，就因为他对上级官员礼仪不周，当天就解印去职，回家乡种田去了。

陶渊明从此彻底告别了官场，在家乡过起了东篱采菊、南山种豆的田园生活。

陶渊明的超然隐世，让后人称颂不已。明朝有一个状元，清廉正直，因上书触怒龙颜而遭罢官，便跑到陶渊明墓前找安慰，吟诗道："久憎折腰事，再拜向高坟。"足见他对陶渊明的景仰。

"五斗米折腰"这句成语就是从陶渊明"不为五斗米折腰"的故事演化而来，意思是不为微薄的俸禄而屈身逢迎别人。"不为五斗米折腰"，实际上已成了"清高"和"有骨气"的代名词。

大树将军

南北朝时期，梁国有员大将名叫冯道根，是一个有着深厚道德修养的人。冯将军生性质朴敦厚，不善言辞。作为将领，每次征战他都身先士卒，享有很高的声誉；他的部队行军沿途经过村落时，从未有过掠夺百姓财物的事情发生，深受老百姓的尊重。冯将军还有一个特别的地方，其他将领获胜后往往为争功吵得不可开交，而他每次获胜后从不炫耀自己的功劳，也不邀功请赏，只是默默无语而已。

初始，冯道根的部下看到别的将领邀功回来，得到不少赏赐，手下的士兵也能从中分到一些，心里就不是滋味。于是，有的士兵心里就不免有些怨言。一次，一场激烈的战斗刚刚结束，冯道根下令部队就地休整。一天，有三个士兵操练完毕后休息时闲聊了起来。对于冯将军的功劳、作风，冯将军打仗总是冲锋在前，生活上没有丝毫特殊，日子过得和普通士兵差不多，大家都十分敬佩，唯一有看法的还是他不懂邀功请赏。一个说：“会哭的孩子有奶吃，皇上都把赏赐给了别的将军，他们的部下日子也好过了，我们可差多了。”一个说：“有的将军功劳还不及冯将军，可喜欢在皇上面前表功，给皇上留下的印象就好，这也不公平呀！”还有一个有自己的看法：“我多少读了点书，我看冯将军的做法，符合古代圣贤所说的做人之道。”一时间，又有一些人加入了议论，有的埋怨，有的赞赏，有的不置可否。此时，早有人向冯将军作了禀报。冯道根听完，微微一笑，放下手中正在阅读的兵书，对手下人说："部队集合，我有话要说。"部队集合起来以后，冯道根语重心长地对将士们说："大家要相信，咱们打了胜仗，英明的君主自然会知道功劳应该是多少，你们认为我还有必要急着去争功请赏吗?"果不其然，几日之后，皇上的赏赐就到了。冯道根把绝大部分都分给了部下，自己只留下很少一点。这以后，冯道根部下细心的士兵发现，长期下来，他们分的赏品比其他将军的部下要多，而冯将军得到的赏品比其他将军要少。将士们对冯将军更加敬重了，士气也更加高涨了。

梁武帝萧衍是一位很贤明的皇帝，他深知冯道根的为人。因此，每次战斗取得胜利以后，他便派人仔细了解作战情况，论功行赏，力求公平合理，不让不会哭的孩子吃不到奶。就是在平时，他对冯道根也经常表现出赞赏之意。有一次上朝时，文武百官纷纷上奏治国治军建议，无不侃侃而谈，有自我表功之嫌。待清闲下来，梁武帝便指着静坐在一边的冯道根，对尚书令沈约说："沈爱卿，你看你左边的那个人，从来就没有听到过他谈论什么功勋之事。"沈约心领神会，立刻拱手说道："陛下圣明，这是陛下的大树将军啊!""大树将军"原指汉代名将冯异。汉军每次取得胜利，选择地方休整时，诸位将军并坐一地争论功勋，唯有冯异独自坐在大树下默不做声，于是军中称其为"大树将军"。沈约把冯道根比作冯异，正中梁武帝下怀，梁武帝顿时眉开眼笑，对沈约会说话的才气不禁多称赞了几句。

穷汉还金

南北朝时候，有个名叫甄彬的人，家境虽然贫寒，但人品高尚，不占人家半点便宜。

一年，春荒时节，家里柴米油盐都买不起，只剩下一捆头年秋天收获的苎麻，本来打算织成夏布做暑季衣服用的，也只好拿到当铺去抵押，换了点钱，买点粮食充饥度日。

这年雨水调和，是个丰收年。秋粮收下来，甄彬凑齐了钱，到当铺里赎回了那捆苎麻。几天以后，拆开苎麻准备纺织，忽然发现里面夹着一个手巾包，打开一看，竟是黄澄澄的一锭金子，用手掂掂，足有五两重。

甄彬对老婆和孩子们说："这大概是当铺在库房归置物资时，把这手巾包着的黄金混放到麻里去，又没有仔细检查就交了出来。不该我们本分应得的东西，慢说是五两黄金，就是一钱也不能要。依我看，还是归还给人家好了。"

由于平时受甄彬的影响，老婆和儿子心地也都很光明磊落，见甄彬要这样做，都非常赞同。于是，甄彬去当铺说明了情况，将黄金全部送还。

这事由当铺掌柜汇报到当铺的主人——长沙寺的寺主那里，老方丈十分感动，亲自来到甄彬家里，硬要分一半黄金给甄彬作为酬谢。甄彬笑了笑，指指自己身上穿的破布衫，又摸摸肩上扛的翻地用的铁锹，跟老方丈说："你瞧瞧，凭我这一身装束，能是收受别人失落财物的人吗?”

这个身着破衫、肩扛铁锹的穷汉，其实是一个真正的好汉。“人穷志不穷”，这是中国传统的价值标准和道德取向。“不做损人之事，不发不义之财”，甄彬为人处世的准则真正体现了这一点。

一千多年后，到了20世纪二三十年代，在华夏土地上又发生了一个类似的故事，故事的主人公是河北省保定市的平老静。

平老静为人忠厚老实，夫妻俩开了一家肉包铺，因本钱太少，生意做不大，赚不了几个钱。有个朋友对此表示同情，就借了一双镯子给平老静，让他去当铺押当，好增加一点本钱。这双镯子不是纯金的，而是包金镯子。抵押了一年以后，到了年底，除夕那天，平老静拿钱把镯子从衡裕当铺赎了回来，可回家一掂量，平老静感觉不对，这双镯子很重，分明是赤金镯子。平老静二话未说，立即返回衡裕当铺去调换，可当铺掌柜却说没有搞错，坚决不予调换，平老静只好拿着金镯回到家来。平老静的老婆也是一个有良心的人，她说："这镯不是原来物，不义之财不可领。"她还建议去找衡裕当铺的老板调换。于是，就在大年三十晚上，平老静夫妻二人连夜去找当铺老板，偌大一个保定城，东家询问西家打听，好不容易才找到老板家。老板仔细检查了镯子，发现确实是弄错了，就把包金镯子换给了老静，还拿出珍宝要向老静表示感谢，可老静一样都不要。夫妻两人匆匆赶回家，已经是三更天了。尽管只吃了两个冷包子当做年夜饭，但老静夫妻二人的心里却特别高兴。不一会天就亮了，新的一年到来了。让平老静没有想到的是，今年第一个来给他拜年的竟然是衡裕当铺的老板。这位老板逢人便讲平老静连夜调换金镯子的事，于是一传十，十传百，"平老静还金镯"很快就成了保定城家喻户晓的一段佳话。原来平平常常的平老静，成了一个有口皆碑、受人尊敬的人，他的肉包铺的生意也越来越兴隆。

后来的大教育家陶行知听了这个故事后深受感动，随即写了《平老静》一诗，以颂"其人其事"。全诗洋洋洒洒计一百多行，激情洋溢，称赞平老静是一个"人格最高尚"的"一品老百姓"。"一品百姓"指的就是那些人穷品高、以道义为重、不贪不义之财、具有美德的中国老百姓。

以法治子

隋文帝杨坚是隋朝的开国皇帝。他掌握政权以后，进行了一系列改革，其中重要的一条，是制定新律，健全法制。他不但重视制定法律，而且执行法律也非常严格，主张“法不阿贵”。“法不阿贵”也就是“王子犯法，与庶民同罪”的意思，就是说执行法律，不应偏袒那些有地位的尊贵者，王公贵族犯法，也要同普通百姓一样看待，一样治罪。隋文帝不仅如此主张，而且确实如此做了，就是对待自己的儿子也不例外。

隋文帝的第三个儿子名叫杨俊，杨俊被封为秦王以后，依仗权势，胡作非为。他竟然违犯国家规定的制度，偷偷地放债取息，实际上是敲诈勒索。上梁不正下梁歪，杨俊手下的一些官员也乘机为非作歹，致使那些深受其害的小官吏和黎民百姓苦不堪言。隋文帝得知这个消息后，派专使进行调查，处罚了100多个与这件事有牵连的人，并以此来警告杨俊。可杨俊认为自己是皇帝贵子，无人敢惹，有恃无恐，根本不当一回事，仍然继续作恶。同时，他还大兴土木，营建豪华宫室，并成天带着一伙浪荡公子和歌姬舞女在宫中寻欢作乐。隋文帝见杨俊如此骄奢淫逸，目无法纪，便下令将他召回京师，撤销了他的一切官职，不许他再参与政事。

杨俊被撤销官职的消息传出后，朝廷上下震动不小。宫中的侍卫武官为讨好杨俊，便跑去对隋文帝说：“秦王只不过利用官物营建宫室，这不算什么大错，圣上应该原谅他。”

隋文帝反问：“他放债取息，是不是已经违犯了国法？”

侍卫武官只好点头称是。

隋文帝又问：“法律容许违犯吗？”

侍卫武官哑口无言了。

隋文帝肯定地说：“法律是不容违犯的。”说着便命令侍卫武官退下去。

紧接着，御史大夫杨素也跑来说情，劝隋文帝道：“对秦王的处罚太重了，求陛下看在父子的情分上，从轻处理。”

隋文帝说：“如果按照你说的意思，皇子们犯法要从轻处理，那不是要另外为他们制定特别的法律吗？能这样吗？”

杨素无言以对。

隋文帝又说：“古时候周公铁面无私，依法诛杀了管叔和蔡叔，维护了国法的严肃性。我虽然不能同周公相比，但也不能做出损害国家法律的事情啊！”

总之，不管杨素如何劝说，隋文帝终究还是没有答应为儿子减轻处罚的要求。他顶住了“说情风”，坚持依法惩办了杨俊。

隋文帝这样在皇太子身上严格执法，已经不是头一遭了。他原来曾将大儿子杨勇立为太子，后来发现杨勇奢侈好色，仗势欺人，违法乱纪，便果断地将他废黜，重新立了太子。

当然，隋文帝到了晚年，变得昏庸起来，这要另作评价。不管怎样，他毕竟有过一段光辉的历史，尤其是在以法治子上有着闪光的东西。后人仍可从中得到不少教益。

珍惜名分

名分，旧时指人的名声、身份和地位。在中国古人的眼里，这是一个非常珍贵的字眼。重视珍惜名分是中国古代的一种优良传统。这里，给你介绍一位真正懂得珍惜自己名分的好母亲。

隋末唐初，有一位被老百姓称为“清官”的大臣，名叫郑善果。郑善果因父亲为国捐躯，童年时代就承袭了父亲的爵位，从14岁起就当了沂州刺史，后历任太守、检校大理卿、刑部尚书等官职。郑善果的母亲崔氏，是一位很有见识的妇人。对于儿子少年得志，重任在肩，施政能否称职，她总是放心不下，最让她担心的，是怕儿子不懂得珍惜自己的名分，做出一些同自己的身份和地位都很不相称的事情。

郑母为人贤明通达，博览经书，颇懂施政之道。每逢郑善果出堂处理公务，她就静静地坐在屏风后面，察看儿子的一举一动。有一次，当她发现儿子办事不公正，就批评儿子说：“你从小承袭爵位，地位很高，这哪里是靠你自己的力量达到的呢！你怎么可以不珍惜这些，滥用职权，不秉公办事呢！你这样任意胡来，不是既有损官位，又败坏家风吗！”又有一次，当她发现儿子对下属随意发火，就责备儿子说：“你身为地方长官，怎么能随便发怒，怪罪下属呢！你动不动就责怪别人，如此没有修养，这同你的地位和身份怎么能相称呢！”

在母亲的监督和批评下，郑善果有了进步，他办事慎重了，过失减少了，也比较有修养了。看着儿子一天天成熟起来，郑母开始有些放心了。

郑母同时又是一个非常勤劳的妇人。一直到年老，她都坚持每天纺纱织布，每每要到夜深才睡。郑善果见母亲如此辛苦，就对母亲说："儿子已官居三品，所受的俸禄也很丰厚，足以养家了，母亲你完全可以享点清福了。可你为什么还如此辛劳，日夜不停地纺织呢?"

郑母叹了一口气，对儿子说："唉！你的年纪已经不小了，我原以为你已经懂得天下的道理了，现在听了你这番话，才知道你并没有懂，至少还没有真懂。我真怀疑，照你这样，靠什么立人处世，又怎么能处理好公事呢！你现在的这些俸禄，是皇帝对你父亲以身殉职的奖赏。你应当将这些俸禄，广施遍散，用来接济赡养亲戚朋友，使大家都能得到你父亲的恩惠。你我做妻子、做儿女的，怎么可以独得其利、独享富贵呢！再说纺纱织布，本是妇女的分内事，上至王后，下至士大夫之妻，各自都有自己应做的事，有的也同我一样纺纱织布。如果把该做的事都丢掉，游手好闲，甚至骄奢淫逸，那可是要败坏名分的。我虽然是一个普通妇女，也要珍惜自己的名分呀！"

母亲的一席话，让郑善果深受震动，母亲的品格也让他更加钦佩。母亲说得不错，天下有很多道理他还不懂，或者说还没有真懂。比方说，对于“珍惜名分”的道理，就是如此，他还远远不像母亲那样真正懂得了这四个字的深刻含义。

下面不妨再讲一个“期子贫穷”的故事，再让大家认识一位“贤母”。

唐代高宗时期，博陵安平（今山东省益都县）有个叫崔玄暐的，于高宗龙朔年间，通过明经科的考试而走上仕途。崔玄暐的母亲卢氏，也是一位有见识、有志气的妇人，她希望儿子能做一名好官，而且她所信奉的哲学是：做官的儿子越穷越好。

卢氏的一些亲戚，看到卢氏的儿子做官了，就对卢氏说：“这下子你该好好地享享福了。”卢氏说：“我压根儿就没有想过，儿子做官了，就跟着享福。我不想靠儿子做官享福。”卢氏的生活确实也没有什么变化，她照样下地干活，照样省吃俭用，照样和一般百姓家一样过着清贫的日子。时间久了，有一个亲戚对卢氏说：“现在做官的个个都捞油水，你儿子不趁在官位上多积点财，以后去职了，‘竹篮打水一场空’，就吃大亏了。”卢氏听出了这话不太对味，就有点生气地说：“你的儿子可以这样做，我不希望我的儿子也这样做。”

还有一个亲戚这样对卢氏说：“我听人说，儿子做官，有人来讲他在外面贫穷得不能生存下去，这是好消息；如果讲他在外面只做了几年官就财货充足，肥马轻裘，富得流油，那是坏消息。不知这话有没有道理？”

这话太有道理了，说到卢氏的心坎上了。

从此以后，卢氏经常把亲戚的这番话讲给儿子听，并且告诉儿子，她希望听到的永远是儿子受穷的好消息，而不是发财的坏消息。她还对儿子说：“我常见到亲戚中当官的一些人，大都用钱物孝敬他们的父母，而那些做父母的见钱眼开，竟然不问问自己的儿子这些钱物都是从哪里来的。如果确实是从俸禄中结余下来的，那倒也是好事；但如果是用不正当的手段得来的，又与盗贼有什么区别？三国时孟仁尝的母亲拒不接受管鱼池的儿子送来的鱼干，大概就是出于这种考虑。孔子说得好：就是每天杀猪宰羊，让父母顿顿吃肉，也不能就算是孝敬。你只要忠于职守，清正廉洁，顶天立地地做人，就是对我的孝敬，你一定要修身洁己，不要辜负了我的这番心意。”最后她还对儿子说：“做母亲的只是担心自己的儿子犯错误。”母亲的这些话，一句一句都打进崔玄暐的心坎里。他没有辜负母亲的期望，先后担任过天官侍郎、凤阁侍郎、中书令等官职，一直甘于清贫，享有廉洁奉公的好名声。

做官的儿子越穷越好，这是崔母的见识；自己情愿跟着做官的儿子受穷而不愿享受荣华富贵，这是崔母的志气，天下为官者的母亲都需要崔母这样的见识和志气。

南山可移

唐代有个叫李元纮的人，既不是帝王将相，也不是名流显贵，而只是一般的地方小官吏，但他的非凡品格却感动了史学家，专门在史书中为他树碑立传，《新唐书》中就有《李元纮传》。特别值得大书一笔的，是李元纮还为后世贡献了一个成语，这个成语叫“南山可移”。

李元纮在雍州当了多年的司户参军，这个职务主要是负责掌管户籍和审理民事纠纷工作。有一天，李元纮正在大堂上办理公务时，有几个和尚走了进来，说是来告状。事情是这样的：原来，这几个和尚是附近一家寺院的，这家寺院香火很盛，积攒了一些钱，开了一座磨坊。没想到磨坊开了没有多久，便被太平公主给看上了。于是太平公主就派了家奴，到寺院里取闹，强行霸占了磨坊。和尚们忍无可忍，又没有办法能抵挡得住，只得来找李元纮主持公道。

李元纮一听事情牵涉到太平公主，暗暗吃了一惊。这个太平公主可不是一般人，她是唐高宗和武则天的女儿，当时就被形容为“势震天下，百司顺望风指”，那些当大官的都不敢得罪她，更别说那些基层小官吏。李元纮一向秉公断案，正直无私，但今天事关太平公主，也不由得要格外小心谨慎。他亲自去寺院调查实情，把事情的来龙去脉都了解得清清楚楚，肯定磨坊确确实实是寺院所有，就果断地把磨坊判还给了寺院。

雍州长史窦怀贞是李元纮的上级，看到他竟敢得罪太平公主，作出如此判决，吃惊不小，害怕这事会牵连到自己，影响自己的前程，就赶忙下令，要李元纮改判。

李元纮可是个耿直、有骨气和能坚持原则的好汉，最看不起窦怀贞这类趋炎附势的小人，就理直气壮地说：“我亲自调查过，这磨坊确确实实是寺院的，怎么能公然判给别人呢！”窦怀贞说：“你怎么这样糊涂啊！这个太平公主是我们能得罪得起的吗！”李元纮说：“我并不糊涂，我也知道这样判决会得罪太平公主，说不定我的官职也保不住，甚至还有可能要掉脑袋。但我要是不这样秉公断案，我心不安，天理不容。”说完，李元纮拿起笔来，在判决书上飞快地写上八个大字：“南山可移，此案不动。”意思是：终南山可以移，我的这个判决不能更改。

成语“南山可移”就是由这个故事得来。这个成语，原意是表示已经定案不可更改；也可用来形容一个人不畏强势，坚持公平和正义的优秀品格。

执意斩子

五代时期，后周的军队攻打后唐的寿春城（今安徽省寿县县城），围攻了一年多的时间，仍未攻破。寿春城尽管暂时保住了，但城里的存粮已经吃光，危在旦夕。时任清淮节度使的守城将领刘仁瞻，请求上司准许，由边镐将军在城中留守，而自己率领军队出城与敌军决一死战。其上司是国主李存瑁的弟弟，时为兵马元帅的李景达，李景达坚决不同意刘仁瞻的做法，刘仁瞻为此极为生气，郁郁成疾，卧床不起。不料雪上加霜，刘仁瞻的小儿子刘崇谏，因感到大势不好，军心动摇，趁夜深月黑，偷偷地划着小船，想渡过淮河去北岸投敌，没想到被一个小军官给抓住了，并立即报告给刘仁瞻。刘仁瞻一听，怒不可遏，大叫一声："逆子！罪不可恕，断不可留，杀无赦！"下令立即将刘崇谏拉到广场上就地斩首。

刘仁瞻的部下深感震惊，但都知道将军的脾气，没有谁敢去求情救护。只有一个叫周廷构的，是皇帝派到军队中的监察使者，跑到中门外大声哭号，为刘崇谏求情，但刘仁瞻毫不动容，决不答应。周廷构听刘仁瞻的部下说，刘崇谏的母亲特别疼爱她这个小儿子，于是又派人向刘崇谏的母亲求救，刘母说："我对崇谏儿不是不疼爱，但军法无情，不可徇私；名节为重，不可受损。崇谏儿罪不可恕。如果饶恕了崇谏，那我们刘氏就成了不忠不义的人家，我和刘将军又怎么对得起国家，还有什么脸面去见将士们呢！”并催促来人赶快回去传令，立即把刘崇谏斩掉，她好为儿子办理丧事。无论来人如何求情，刘母都绝不松口，还是坚持要求快点执行。就这样，刘崇谏连夜就被斩掉了。将士们无不感动得流下眼泪。

“军法无情，不可徇私；名节为重，不可受损”，这是深明大义的刘母不可动摇的法纪意识和道德理念。其实还不止此，在一些明智的中国古人看来，即便不从法纪和道德的角度，而只是从教育后代和警示世人的角度，也应把袒护子女的过失视为大忌，至于徇私枉法、包庇犯罪子孙那就更是令人不齿的了。这是一条基本的做人原则，刘母也同样坚持了这么一条原则。这是非常可贵的。

为国守财

宋太祖赵匡胤是宋朝的开国皇帝。他一生崇尚廉洁节俭，特别是他在位多年后，仍不改初衷，恪守信条，不事铺张，反对奢侈，不但要求其家人要这么做，他自己也身体力行，这在帝王中是不多见的。

宋太祖身为皇帝，对家人的生活细节绝不忽视，特别是对子女的服饰非常在意，不许他们带头奢侈铺张。有一次，永庆公主穿着一件缀满翠鸟羽毛的绣衣短袄，兴致勃勃地入宫拜见父皇，不曾想宋太祖一见她这身衣服就很不高兴，命令她立即脱下来，以后不许再穿。公主不服气，说：“一件短袄用得了多少翠羽，有什么要紧!”

宋太祖更加来气，训斥道：“你怎么能这么说呢！你身为公主，穿这样的衣服，必然要引起宫里许多人的仿效。翠羽价格昂贵，这样一来，你想想要浪费多少钱财啊!”宋太祖停了一下，又接着说：“按说你的地位和生活已经够优越了，理应好好珍惜，为什么偏偏要带头铺张呢?”

公主没法，只好把翠羽短袄脱下来。但她并不服气，过了一会，又试探着说：“父皇，您做皇帝也已很久了，出来进去的老是用那么一顶普普通通的轿子。我听人说，好多富贵人家的轿子都是用金子装饰的，又漂亮又气派。您是一国之主，您的轿子也该用金子装饰装饰了吧!”

宋太祖说："不错，我是一国之主，掌管一国财政，就是把宫殿用金子装饰起来也能办到，何况一顶轿子！装饰一顶轿子能用得了多少金子，可是我不能这么做。"

公主壮着胆子说："父皇，我说了您可不要生气，怪不得有人背地里说您是守财奴呢。"

宋太祖不但没有生气，反而非常坦诚地说："说得不错，我就是守财奴，我是在为国家守财。"他早就发现这个女儿有点爱铺张的毛病，今天趁这个机会正好讲点道理给她听听，于是接着说："古人说：'让一人治理天下，不能让天下供奉一人。'我们皇家靠的是天下老百姓的供奉，最不应当奢侈浪费的，就是我这个一国之主。圣人说，其身正，不令而行；先贤们也都说过，君主首先要端正自己的行为。如果我一个人奢侈，必定会有很多人跟着奢侈。比方说，我一个人用金子装饰轿子，就会有许多大臣、许多地方官吏跟着这么做，就会泛滥成风。看着皇家和管理者们奢侈浪费，天下老百姓就会很不满意，国家就难以长治久安。你说，我能带头奢侈，带头去用金子装饰轿子吗？"

公主连连摇头，表示"不能"。至此，她终于明白父皇要她脱下翠羽短袄的用心了，心服口服，慌忙给父皇叩头谢罪。

在中国古代，相形之下宋代社会比较崇尚廉洁节俭之风，这同皇家的表率作用恐怕不是没有关系的。

小事糊涂

北宋时期，有一位大臣名叫吕端。北宋的开国元勋赵普曾赞扬吕端“得嘉赏，未尝喜；遇抑挫，未尝惧”，是一个辅佐皇帝的杰出人才。当时，宋太宗想任命吕端为宰相，有的人却贬抑说：“吕端为人糊涂。”宋太宗当即以“吕端小事糊涂”加以反驳，照样让吕端当了宰相。

贬抑吕端的人说对了一半，吕端在事关个人利益的一些问题上确有糊涂之处。他为人旷达宽厚，有气度，对职务上的升迁从不介意，多次被贬，也不计较。他对流言蜚语从不记怀，经常说：“吾直道而行，无所愧畏，风波之言不足虑也。”他为官40年，两袖清风，不为子女和亲友谋利蓄财。他去世后，其子女穷得不能婚嫁，只好将房屋典当。宋真宗知其事后，从国库里拨款才把房屋赎回来。他平易近人，似乎不知道自己地位显赫大权在握。他和寇准同居相位，寇准虽然很有才能，但“刚性自任”，不好相处。吕端对此毫不计较，总是处处谦让。

贬抑吕端的人没有看到或者视而不见的是，吕端在一些重大问题上不但不糊涂，反而表现出极大的清醒。在朝奏廷议中，吕端每每在紧要关头深谋远虑，颇得宋太宗的赞许。宋太宗早就册立第三个儿子赵恒为皇太子，他得了重病后，吕端每日都伴随太子到太宗病榻前问安。不料宋太宗生命垂危时，宫廷内侍王继恩，因忌恨太子英明，害怕太子即位后对自己不利，就暗地里密谋废掉太子，立楚王元佐为帝，并策动李皇后站在自己一边。吕端得知事情有变，宋太宗一死，立即把王继恩扣锁在阁内，令人看守，自己进宫去见李皇后，当面回驳皇后，坚持由既定皇太子即位。李皇后说：“皇帝已经驾崩，立嗣要按长幼，这才合乎情理，现在该怎么办呢?”吕端回答说：“当初，先帝确立太子，就是为了这一天。现在皇上尸骨未寒，怎么能改变先帝意愿，另立别人呢!”吕端说服了李皇后，并奉命去迎接皇太子到福宁宫即位。

皇太子即位后，垂帘召见群臣。吕端站在殿下看不清皇帝究竟是谁，不肯下拜。为了得以确认，他不但请求把帘子卷起来，还快步登上殿去，亲眼察看清楚新皇帝确实是皇太子即宋真宗后，这才走下殿来，带领群臣伏地朝拜，三呼万岁。

如果不是吕端在国家政权交接的紧要关头，清醒果断，势必要造成皇子争帝的宫变，由此还有可能造成边境战乱。谁说吕端“糊涂”！他是在一些关系到自己利害得失的小事上“糊涂”，而在关系到国家安危兴衰的大事上，他比谁都更加“明白”。

后人有诗赞曰：“诸葛一生唯谨慎，吕端大事不糊涂。”这里的“诸葛”，指的就是诸葛亮。诸葛亮在中国人的心目中是智慧的象征，是个家喻户晓的人物。而后世知道吕端这个人的并不多，将他与诸葛亮相提并论，足见诗人对吕端品格的尊崇。

不顺民意

北宋时期，有个名叫孙伯纯的史官，出任海州（今属江苏省连云港市）知州，即海州地区的行政长官。自上任以来，孙伯纯关心百姓疾苦，为政清廉，而且善于审时度势，权衡利弊，做了很多顺民意得民心的好事，受到老百姓的拥戴。

海州这个地方离海很近，不久传来消息，发运使准备在海州地区设置三个盐场。作为一个地方的行政长官，对在海州设置盐场一事，孙伯纯觉得非同小可，必须认真考虑，慎重对待。在具体分析了全国食盐产供销的状况以后，孙伯纯认识到，不能再盲目地增加投入，扩大生产，以获眼前小利，这样做，将会给海州的老百姓带来极大的危害。此事不妥，断不可为。于是，孙伯纯立即上书朝廷，反对在海州设置盐场。发运使派人专程到海州来，坚持要在海州设置盐场。孙伯纯据理力争，详陈利弊，不肯妥协。而当地的老百姓，大多不同意孙伯纯的看法，都认为一旦盐场设立，就可以增加就业，多得收入，好处很多，希望知州放弃自己的意见。孙伯纯从长远大局考虑，坚持己见，对乡亲们说：“不错，设盐场是能短期内获利，大家或许能过上好一点的日子，但是眼下国家食盐太多，等到运不出来也卖不出去的时候，大患也就要来临了。到那时，损失会更大，不仅乡人吃亏，国家也受损。对此我们不能不慎重考虑啊！”由于孙伯纯的极力反对，在海州设置盐场的事也只好被搁置下来。因为这件事，孙伯纯不顺民意大失民心，不久就被朝廷免职而去。

孙伯纯的继任者和孙伯纯截然不同，他巴不得投发运使之所好，也巴不得博取老百姓的拥戴，哪有反对设盐场之理。于是，就在他上任不久，朝廷便在海州设置了三个盐场。盐场设置以后，当地老百姓不仅没有获利，相反，被派的公差和徭役比过去要繁杂得多，社会秩序也每况愈下。几年以后，三个盐场生产的盐堆积如山，卖也卖不掉，运也运不走，导致朝廷本想获利现在却大亏其本。由此带来的祸害，老百姓更是首当其冲，当地富家破产，盐民失业，社会也越来越不稳定。此时，人们才怀念起孙伯纯来，但为时已晚。

痛定思痛，海州的老百姓此时才明白过来，当年孙伯纯为什么不听他们的意见，这是因为他更有远见，他真正是在为老百姓的利益着想。由此，海州的老百姓也似乎想明白了这么一个道理：真正为老百姓着想的好官，并不是为了得民心而顺民意，有时候，他宁可不得民心，也不顺民意，那便是在他经过审慎细致的分析，认为对老百姓没有好处的时候。无疑，孙伯纯就是具有这种品格的一位好官。

不买玉带

宋代有一位副宰相名叫王旦（957—1017），是一个很有个性和品位的人。

宋真宗时期，王旦任参知政事。因住宅过于简陋为皇帝所知，决定由官方给他修建新住宅，但王旦坚决不同意，只得作罢。王旦生平不置田宅，说："子孙当念自立，何必田宅，徒使争财为不义耳!"这是说，子孙应当想着自立，做长辈的何必为他们添置产业呢！这样做，只能使他们争夺钱财，陷于不义罢了。

王旦平时对儿子的要求也非常严格，不准他们追求奢华。有一次，有个商贩出售玉制的腰带，王旦的儿子认为这玉带很美，想买一条，于是就把玉带拿给父亲看，以征得父亲同意。王旦让儿子把玉带系在腰间，然后问道："这玉带重不重?"儿子不明白父亲的用意，如实回答："有点重。"王旦又问："你还能看得见玉带的美吗?"儿子回答说："系在腰上了，自己怎能看得见呢?"王旦说："这就对了，自己系上这么重的东西，而只能让旁观者称好，不是既吃苦又没有意义吗！赶快送还给人家。"儿子无话可说，只得把玉带送还给卖主。

王旦还有一个拒绝为侄儿举荐的故事。王旦有个侄儿，名叫王睦，很喜欢学习，曾给在朝廷担任副宰相的王旦写信，请求王旦推举他为进士。王旦说："我已经在为地位太过、门第太盛而担忧，怎么可以再利用职权，去帮助子侄同那些贫寒的读书人争功名呢！”于是他拒绝了侄儿的不合理要求。王旦还利用这件事情教育自己的儿子，告诉他们：凭他的地位，为子侄谋个官职并不困难，但他不能这么做。理由是：他觉得利用职权为子侄谋取官职，同没有靠山的寒士争禄位是不合理的，是可耻的，不符合做人之道。他告诉儿子不要对他抱任何希望。王旦说到做到，直到他去世，他也没让自己的儿子王素沾一点光，王素依然是一介平民。

绝不能利用自己的职权为子侄谋官职，因为同没有靠山的寒士争禄位是不合理的：这是多么高尚的思想境界啊！用一句时髦的话说，王旦还是一个追求公平和公正的人。

不错，就整体和本质而言，封建时代的官吏是贪婪的、腐败的，但其中也还有一些品格比较高尚的人，本篇故事中的王旦就是一例。

忧 悯 苍 生

北宋著名的政治家、文学家范仲淹（989—1052），年轻的时候就是一个很有志气的人。他曾经对人说：“一个人如果没有书读，没有志向，即使能吃饱喝足，生活舒适，也没有多大意义。”由于家境贫寒，范仲淹上不起学，就一个人跑到一座古庙里去读书。他每天晚上，用糙米煮好一盆稀粥，等到第二天粥凝成了冻以后，就用刀划成四块，每天早晚各取两块来吃；没有菜，就把用盐水浸过的野菜茎，切上几十段作为副食。这便是后人所说的“断齑画粥”的故事。

有一天，范仲淹的一位同学来做客。这个同学是南京（当时的应天府）留守（管理、守卫京城的官）的儿子，家中很富有。他看见范仲淹每天只吃两顿稀粥充饥，就想帮助范仲淹。那个同学回家以后，向自己的父亲讲了这件事。他的父亲即刻叫人带了好酒好菜，送给范仲淹。过了几天，留守的儿子又来了。他进屋一看，他们家送的食物原封不动地放在那里，已经发霉变味了。他感到很奇怪，便问范仲淹是怎么回事。

范仲淹对同学的盛情表示十分感谢。他说：“我并不是不感谢令尊的厚意，只是因为我平常吃稀粥已经成为习惯，并不觉得苦；现在如果贪图好吃的，将来怎么能再吃苦呢？”

那个同学点了点头，对范仲淹的刚强志气感到由衷的钦佩。

范仲淹入仕之后，得到了宋仁宗的赏识，被任命为副宰相。

他以“先天下之忧而忧，后天下之乐而乐”的情怀，锐意改革，推行新政。新政的内容主要包括四条：一、对官吏定期考核，按他们的政绩好坏提拔或者降职；二、严格限制大臣子弟靠父亲的关系得官；三、改革科举制度；四、慎重选择、任用地方长官。

为了推行新政，范仲淹先跟韩琦、富弼等大臣审查分派到各路担任监司（监察官）的人选。路是宋朝行政区划的名称，相当于现在的地区行署。有一次，范仲淹在官署里审查一份监司的名单，发现有贪赃枉法行为的人员，就提起笔来把名字勾去，准备撤换。在他旁边的富弼看了心里不忍，就对范仲淹说：“范公呀，你这笔一勾，可害得他一家子哭鼻子呢。”

范仲淹严肃地说：“要不让一家子哭，那就得害一路的百姓都要哭了。”

富弼听了这话，心里顿时亮堂了，佩服范仲淹的见识高明。

与“一家哭何如一路哭”相映成趣的，是一个关于欧阳修父亲断案的故事。

欧阳修的父亲做判官时，经常独自一人在夜里审理案卷。一次，欧母听到他在唉声叹气，便问他何故，他回答说：“这又是一桩被判了死罪的案子。我想从案卷中，给这个被判死罪的人找一线生机，却总是找不到。”欧母又问：“为犯了死罪的人找生机，这能行吗?”欧父说：“我尽力为犯死罪的人寻找生路，而又实在找不到，做到这一步，死者和我就都没有什么可以遗憾的了。我总是想方设法为被判死罪的人寻找生路，而世上的官吏却千方百计要置他们于死地。这实在可叹。”他怕欧母还不明白他的意思，又说：“我不是为那些真正该判死罪的人寻找生机，我是担心有草菅人命或者误判的情况发生，特别是让一些普通老百姓冤沉海底。”

看起来，一个“严”，一个“松”，但其实范仲淹和欧阳修父亲骨子里，都充满着对于老百姓的无限忧思和悲悯。这也是一个为官者最大的良知吧。

刚 正 不 阿

包拯（999—1062），字希仁，庐州合肥人，出身于官僚家庭。《铡包勉》和《包公赔情》等戏曲里，说包拯从小受父母遗弃，由大嫂带养成人。事实上，包拯年少时，深受父母宠爱和教养。包拯长大后，也极为孝顺父母。

29岁时，包拯考中了进士甲科，被派到建昌县（今江西永修）任职。因为父母亲年事已高，包拯请求回到安徽，在和州（今安徽和县）做官。但是，父母亲希望儿子在自己身边，包拯便决定辞职回家，在家孝敬父母多年，直到双亲去世，包拯守丧期满，仍不想离开故土。

在家乡父老劝说下，包拯才离开父母灵地，到天长县（今安徽天长）任知县。康定元年（1040年），包拯又出任端州（今广东肇庆）知府。端州每年要向朝廷进贡端砚，由于当地官吏等层层加码克扣，成为百姓的沉重负担。包拯勒令豪绅官吏不得贪污，只能按规定数量进贡。而他自己，直到离开端州，也不曾要过一方端砚。

或许由于包拯这种铁面无私的性格，被大臣们赏识，所以朝廷于庆历三年（1043年）将包拯调到首都开封，先后任监察御史、天章阁待制、龙图阁直学士等职。皇祐四年（1052年）又一次离开京城，到河北、庐州、池州、江宁等地任地方官。直到至和三年（1056年）才回到京城，任开封府尹。嘉祐五年（1060年），任三司使和枢密副使，相当于副宰相之职。包拯临终前，仁宗皇帝曾到他家中作最后一别，并追认他为礼部尚书，赐谥“孝肃”。

包拯办案，有两个特点，一是不怕权势，二是为民申冤。在开封府任职时，他作出规定：大开正门，凡是告状的，都可以进去直接见官，直接面陈案情，任何人不得阻拦刁难。老百姓都由衷地说：“关节不到，有阎罗包老。”而对于强权势力，包拯则迎难而上，使得“贵戚宦官为之敛手，闻者皆惮之”。当时，开封城里有一条惠民河，河的两岸既有平民居住，也有达官贵人的住宅。天降大雨，河水泛滥，淹没街道，使许多平民无家可归。包拯经过调查，了解到河塞不通的原因，在于大官僚和贵族们在河上筑起了堤坝，将坝内的水面据为己有，种花养鱼，成了水上花园。包拯立即画了地图，拿了有关证据，下令将所有堤坝与花园拆毁，疏通了惠民河。有人自恃权大位显，告到宋仁宗那里。包拯拿出证据，证明他们非法建造水上花园。宋仁宗也无可奈何。

包拯性格耿直，敢言群臣所不敢言。他不但七次弹劾“苛政暴敛”的转运使王逵，而且不畏风险，力主将皇帝的亲戚、“凡庸之人”张尧佐免去要职。在包拯看来，“在政府无所建明”的平庸之辈，不论其官职有多大，都必须下台。他曾建议改革选人、用人制度，并主张官员年到70岁必须离职。他揭露不愿离职的官僚，是不知廉耻，“贪冒相尚，但顾子孙之计”。

包拯生性俭朴，从不为自己谋取利益。即使是当了官，他的衣食住行及生活习惯，也和普通老百姓差不多。包拯在庐州家乡做官时，他的亲戚乡里都很高兴，认为从此有了靠山。然而，铁面无私的包拯秉公办事，即使是自己的亲戚犯了法，他也是执法如山。他曾经写过一则家训，刻在家中壁上：“后世子孙仕宦，有犯赃滥者，不得放归本家，亡殁之后不得葬于大茔之中，不从吾志非吾子孙。”

历史上的包拯，不愧为法律和正义的化身。他刚正不阿、为民请命的一生，提升了中国古代的“清官文化”，自己也成为“青天”的代表。

器量过人

韩琦（1008—1075）与范仲淹、欧阳修、王安石这些有名的政治家是同时代人，还曾同范仲淹一道推行过新政，后来官至宰相。元代学者吴亮在评价韩琦时，说他功劳之大“无人能比”，而“器量过人”又无人可及。这里且不说韩琦的政绩，只说说他的两个“器量过人”的小故事。

韩琦统帅部队在宣武驻扎时，夜间伏案批阅文件，一名侍卫手持蜡烛为他照明。那个侍卫一不小心走了神，手中的蜡烛一抖动，烛火一闪烧到了韩琦鬓角的发丝，韩琦忍着疼未吱一声，只是急忙用袖子蹭了蹭鬓角，继续埋头写字。过了一会儿，韩琦一抬头，发现为他持蜡烛的侍卫被换走了，这不免让他警觉起来，他生怕主管侍卫的长官，发现那个侍卫有失职的嫌疑，给以鞭打责罚，于是赶忙把他们召来，当着他们的面说：“不要替换他，因为他已经懂得了怎样持蜡烛了。”军中的将士们知道此事后，无不深受感动，那个主管侍卫的长官，对统帅的器量更是佩服得五体投地。

韩琦镇守大名府时，有人献给他两只出土的玉杯，这两只玉杯毫无瑕疵，玲珑剔透，堪称稀世珍宝。韩琦珍爱有加，送给献宝人许多银子作为回报。自此，每逢大宴宾客时，韩琦总要专设一桌，铺上锦缎，将两只玉杯放在上面使用。不料，有一次在劝酒时，一个官吏不小心把玉杯碰到地上摔个粉碎。在座的宾客惊呆了，肇事者更被吓傻了，连忙趴在地上请求治罪。可韩琦却毫不动容，笑着对宾客说："大凡宝物，是有是无，是成是毁，都有定数，该有时它献来了，该毁时谁也保不住。"说完又转过脸对趴在地上的官吏说："你偶然失手，并非故意，有什么罪呢!"说完亲手把这个官吏扶起来，并好言安慰。韩琦此时的言语举动，完全出人意料，立刻博得了满堂宾客的赞叹；而肇事者对韩琦更是感激涕零，恐怕以后给他做牛做马也心甘情愿了。

韩琦一生在官场的不测之祸中周旋，而又一直立于不败之地，是什么原因呢？韩琦本人说过这么一段话："天下之事，没有完全尽如人意的，一定要用平和的心态去对待。不这样，连一天也过不下去。即使是和小人在一起时，也要以诚相待。只不过知道他是小人，就同他少来往罢了。"一个人的地位越高，待人就越要宽厚，不管是对君子，还是对小人，也不管是对高官显要，还是对平民百姓。韩琦就是这么做的。这也是一种美德，韩琦具有这种美德，这或许是韩琦一直立于不败之地的原因所在。

我心有主

许衡是宋元之际的大学者和著名教育家。有一年秋天，他和一群人结伴出游。一天中午，他们经过河南省北部的河阳地区。这一带，刚进行了一场残酷的战争，连个人影儿都看不见。大家顶着火热的太阳赶路，路旁没有一棵可以遮阴的树木，周围没有一滴可供解渴的泉水。他们个个汗流浃背，口渴难忍。

突然，旅伴们纷纷朝前奔跑起来。原来，前面不远的路旁，挺立着一棵高大的梨树，枝叶茂密，挂满了拳头大的黄梨。大家赶到树下，摘的摘，吃的吃，闹闹嚷嚷地叫成一片。

许衡摇了摇头，拣了块树荫地坐了下来，树上的梨子他一个也不去触动，只顾撩起衣襟扇风取凉。

有人用胳膊捣了他一下，关照说："为什么愣着？这梨又甜又脆，不摘几个解解渴？"

许衡回答说："不行，梨树的主人不在，我想买来吃又没处付钱，哪能随随便便吃人家的东西呢？"

听他这么说，有人讥笑道："什么主人啊！这么大的战场，山村里墙倒屋塌，连个指路的都没有。这梨反正没有主，不吃白不吃。"

许衡用手指了指自己的胸口，诚恳地说："梨没有主，难道我自己的心也没有主了吗？"

他终究没动一个梨。

许衡在这里所说的“心有主”，是指心仍然由它的主人主宰，也就是仍然有自我约束力，仍然有独立的意志。明末清初的大思想家王夫之说过：“独志者，自爱自贵也。自爱故全性葆真，自贵便穷不失操。”许衡因其有独立的意志，能够自爱自贵，因此在任何情况下都能保持自己的本来面貌和完整品格。

作为教育家，许衡还提出了一个著名的观点，即提出道德教育要做好两个方面的工作：一是培养已有的善端，开发未来的善端；二是防止未来的恶端，革除已有的恶端。这实际上是为一个人的道德修养确立了目标界限，对思想上可能出现的任何不好的苗头都加以防止。吃不吃无主的梨，就是对一个人能否防止“恶端”的考验。可见，就是在一些小事上，许衡也没有违背自己的教育理念。

世祖拜师

在西藏日喀则德钦颇章宫里，至今还保存着一幅大型壁画《八思巴拜见忽必烈》。

忽必烈就是后来的元世祖。事实上，这里说八思巴拜见忽必烈不尽确切，而说忽必烈拜见八思巴则比较恰当。因为这幅壁画描绘的是忽必烈当年拜八思巴为师的场景。

那是700多年以前的事了。

忽必烈是成吉思汗的孙子，蒙哥的弟弟。1251年，蒙哥即汗位以后，把大漠以南领土的军政大权托付给了忽必烈。从此，36岁的忽必烈开始了他的政治生涯。

忽必烈是蒙古族人。蒙古族是当时为人所看不起的北方“胡夷”，是一个长年过着游牧生活、连自己的文字都没有的落后民族。忽必烈自幼从军，东征西讨，接触到汉族先进的文化，更加感到自己民族的落后，因此竭力想改变这种状况。当他听说吐蕃的罗卓坚赞很有才学，就决心拜他为师。这位罗卓坚赞8岁就能背诵《本生经》，9岁能为人讲经，人们称他“八思巴”。“八思巴”，在藏语中是“圣童”之意。于是，忽必烈专门派了100名骑兵，带着他的亲笔信，专程到西凉（今甘肃武威）把八思巴迎接到六盘山自己的宫邸，并在宫中举行了隆重的拜师仪式。从此，八思巴成为忽必烈的老师。那一年是1253年，忽必烈38岁，而八思巴只有18岁。老师的年龄还不到学生的一半。壁画《八思巴拜见忽必烈》所描绘的，就是当时二人初次见面的情景。那个中年人是忽必烈，那个年轻人则是八思巴。

八思巴是藏族人，又这么年轻，忽必烈竟然拜他为师，开始人们很不理解。但是，随着八思巴才能的显露，人们才佩服忽必烈的英明。

这位藏族圣童确实才能非凡，他不仅精通佛教经典，熟悉藏族的文化、艺术、建筑，而且还了解内地汉族的学术文化，一生撰写了30多部著作。来到忽必烈身边以后，他的学识和才干得到了充分施展，他帮助忽必烈做了大量的文化建设工作。蒙古族本无文字，成吉思汗时借用维吾尔族文字。忽必烈感到蒙古族文化落后，没有文字不利于发展，就请八思巴创制蒙古新文字。八思巴参考藏文字母，制成蒙古文字，于1269年颁行全国。八思巴被任命为领总制院事后，除管理全国佛教外，还协助元朝政府管理藏族地区行政事务，立官制、定赋税、设驿站，同时进行民族之间的文化沟通工作，将内地雕版印刷术、戏剧、文化艺术等传至西藏，将藏族建筑技术、雕塑艺术等引到中原，促进了汉藏的文化交流。八思巴对发展蒙古族文化所作出的贡献是巨大的。

忽必烈有了这样的一位老师，如鱼得水。他虚心向老师请教，从老师那里学到了许多有益的东西。他对老师非常尊敬。1260年，忽必烈即位当了皇帝以后，就将八思巴尊为“国师”。1270年，忽必烈又将八思巴升为“帝师”。1280年，45岁的八思巴英年早逝，忽必烈十分悲痛。为了表达对这位帝师的尊崇，忽必烈不但赐给八思巴“大宝法王”的称号，而且还下令各郡县为八思巴建立庙宇，并绘制图像，颁至各行省，为八思巴塑像，供老百姓祭祀。皇帝对老师的崇敬达到了如此程度，这在中国历史上是罕见的。

忽必烈不仅对自己的老师八思巴非常尊敬，而且对其他知识分子也同样非常器重。他以善于集天下之俊杰，尤其是重用汉族知识分子而为世人称道。曾经受到他重用的汉族知识分子，有博学多才，尤其精通天文、地理、律历的刘秉忠，有善于记诵、足智多谋的张文谦，有通晓儒、道、释、医，尤其精通农桑的姚枢，有精通数学、天文和水利的郭守敬，有精通天文且善于施教的大学者许衡等。他把刘秉忠、张文谦、姚枢等作为自己的智囊团中的主要人物。他能做到任人唯贤，各尽其才。如他任命姚枢为大农司（掌管农桑水利的高官），任命郭守敬为提举诸路河渠（管理各地沿河工程的高官），任命许衡为国子祭酒（管理全国教育的高官），等等。对知识分子向他提出的好建议，他总是念念不忘，尽量采纳。比如，刘秉忠生前曾向他提出过修订历法的建议，他一直挂在心上。刘秉忠死后，他召见郭守敬，对郭守敬说："修改旧历是刘秉忠的心愿，在他临终时仍没忘记此事。你是他的学生，理应担此重任，完成这一使命。"后来，在郭守敬的主持下，经过4年的努力，于1280年编成新历，忽必烈赐名为《授时历》。

长期以来，人们在研究中国历史的时候，常常思索着这样一个问题：元朝的统治者都是蒙古人，本来非常落后，但是他们入主中原以后，不但成就了统一中国的大业，奠定了元朝的百年天下，而且在发展经济和文化方面取得了巨大成功，尤其是科学技术的发展达到了高峰，出现了许多杰出的科学家和科技成果，在中国古代科技史上写下了光辉的一页。原因究竟在哪里呢？这个"世祖拜师"的故事对寻求问题的答案或许能有所帮助。

壮哉大儒

方孝孺（1357—1402），明初名闻天下的第一大儒，学识品德为四海称颂。他为文纵横豪放，能与苏轼、陈亮相比。据说每撰一文，海内争相传诵。

明太祖朱元璋去世后，他的孙子建文帝朱允炆即位。建文帝的叔叔燕王朱棣，觊觎帝位，起兵谋反。朱棣起兵时，他的谋士姚广孝曾对朱棣说："臣有所托。"朱棣问："何为?"姚广孝答道："南有方孝孺者，素有学行，武成之日，必不降附，请勿杀之，杀之则天下读书种子绝矣。"朱棣点头答应。

朱棣占领南京后，方孝孺果然不肯归附。因姚广孝事先嘱托过，朱棣没有杀他，而是将他投入狱中。

对于方孝孺的文名，朱棣也很敬重。几天后，朱棣准备即位时，便想请方孝孺为他拟登基诏书，同时也希望利用方孝孺的名气为天下士人树立一个归顺的榜样，所以屡次派人到狱中向方孝孺招降。方孝孺坚决不从，朱棣又派方孝孺的学生廖镛、廖铭二人前去劝说，反遭到方孝孺的一顿痛斥。

无奈之下，朱棣只好派人强行押解方孝孺上殿，但是方孝孺穿着一身丧服，一进来就大哭不已。朱棣即命锦衣卫强行撕去方孝孺的丧服，换上朝服。

朱棣强压怒火，破例为方孝孺设座，并亲自起身劝慰道："先生不要难过了！朕本来是要效法周公辅佐成王的。"方孝孺立即反问道："成王在哪里？"朱棣说："他自焚死了。"方孝孺再问道："为什么不立成王的儿子当皇帝？"朱棣说："国家要依赖年长的君主来治理。"方孝孺进一步逼问道："那为什么不立成王的弟弟？"

朱棣无法回答，只好搪塞道："这是朕的家事，先生不必过多操心。"他暗示左右，强行将笔塞给方孝孺，命令道："诏天下草，非先生不可。"方孝孺接过笔，奋笔疾书"燕贼篡位"四个字，投笔于地，放声大哭，边哭边说："死即死，诏不可草。"

朱棣发怒道："你难道不顾你的九族吗？"方孝孺愤然回答："便十族奈何！"骂叱声越来越大。朱棣大怒，命人将方孝孺的嘴割开，从嘴角一直割到耳朵。方孝孺满脸是血，仍然痛骂不绝。朱棣厉声道："岂能让你如此痛快地死，当灭你十族！"

于是，朱棣一面命人继续将方孝孺关押狱中，一面搜捕其亲戚家属等人，以及他的学生，算作十族，押解至京，当着方孝孺的面，一个一个杀戮。每杀一个追问一声，是否回心转意。方孝孺强忍悲痛，始终不屈服于朱棣的淫威。当弟弟方孝友被押到时，方孝孺看着因受自己牵累而将就戮的弟弟，不觉泪如雨下。

方孝友从容吟诗一首，宽慰方孝孺："阿哥何必泪潸潸，取义成仁在此间。华表柱头千载后，旅魂依旧到家山。"方孝孺也作绝命词一首："天降乱离兮孰知其由？奸臣得计兮谋国用猷。忠臣发愤兮血泪交流，以此殉君兮抑又何求？呜呼哀哉兮庶不我尤！"

方孝孺被押到南京城聚宝门外磔死，遇难时年仅48岁。方孝孺的妻子和两个儿子上吊自杀，两个女儿年未及笄，一起投秦淮河自尽。受他牵连被杀的有873人，入狱和充军流放者达数千人。清代学者齐周华感慨地说："靖难受祸惨烈者，亦莫若孝孺。无论知与不知，无不义而悲之。"

方孝孺一介书生，手无缚鸡之力，却面对专制君主的屠刀视死如归，抗节不屈，真可谓感天地泣鬼神，受到后人的无限敬仰和赞颂。

不私其子

中国古代有许多“不私其子”的故事，有的不为子孙谋取私利，有的不为子孙添置财产，有的不为子孙谋取官位，等等。下面不妨讲一个“杨溥不私其子”的故事，其中却有另一种含义，或者说是另一种境界。

杨溥（1372—1446）是明代初年湖广石首人，字弘洛，曾任武英殿大学士。杨溥在朝廷执掌大政时，他的儿子从家乡到京城来看望他。寒暄之后，他问儿子：“你一路上经过不少地方，你听说哪个太守或县令贤能，算得上是一个好官？”

儿子答非所问地说：“儿子路过江陵县，这个县的县令特别不好。”

杨溥又问：“为什么这样说呢？”

儿子说：“他这个人跟其他太守、县令不一样，接待我也太简单草率了，太不把我放在眼里了。”

杨溥说：“他不知道你是我的儿子吗？”

儿子回答：“怎么不知道？别人已经告诉他我是大学士的儿子。”

杨溥又问：“这个县令叫什么名字？”

儿子回答：“名字叫范理，是天台人。”

杨溥点了点头，默默地记住了天台人“范理”这个名字。

儿子在杨溥面前告了范理一状，便以为父亲以后会凭借自己的权势，给范理一点颜色瞧瞧。可他万万没有想到，范理不但没有受到惩罚，反而很快被杨溥提拔为德安府的知府，这叫杨溥的儿子实在难以理解。

其实，儿子的“小报告”，倒使杨溥认识了范理这个人。在杨溥的眼里，范理确实同其他太守、县令很不一样。其他太守、县令，巴结他杨溥还唯恐巴结不上，岂敢对他的儿子有丝毫怠慢。范理敢于怠慢他的儿子，或者说，将他的儿子同一般人一样看待，仅凭这一点，就不简单。杨溥凭自己的经验断定，具有这样品质的人，肯定能够成为一个好官。果然不出杨溥所料，范理当上德安府知府以后，办了许多好事，成了有口皆碑的好官。

杨溥的儿子得知范理的政绩以后，对自己的父亲更加敬佩了。他从中受到了一次深刻的教育，也悟出了一层深刻的道理。

杨溥的所作所为被后人传为佳话。清代著名学者梁晋秋，对此作了一段非常精彩的评论。他说，那些官大地位高的人，往往根据部下对自己奉承是否殷勤，以及与自己的亲疏关系，来施展自己的威风，或给以惩罚，或给以恩泽。这类人往往偏听偏信，而且特别听信子弟的话，喜欢把子弟当做自己的耳目。而他们的子弟，也就凭借父兄的权势来吓唬人。杨溥却偏偏“不私其子”，反而因范理怠慢自己的儿子这件事，更加看重范理这个人，还给他升官。对那些官大位高的人来说，廉洁奉公的杨溥正是他们的榜样；对每个做家长的而言，杨溥又称得上为家庭立法、为子孙立则的典范。杨溥真是一个贤德的人啊！

清风两袖

于谦（1398—1457）是明代杰出的政治家，也是一位优秀的诗人。

于谦原任河南、山西巡抚，后调任兵部进京。当时宦官专权，政治腐败，百官进京，必须进献金银、土产。左右劝他带些当地土特产诸如绢帕、蘑菇、线香之类，送给朝廷大臣，于谦举起两袖笑道："我带有两袖清风。"并作小诗一首，题为《入京诗》：

绢帕蘑菇与线香，本资民用反为殃。
清风两袖朝天去，免得闾阎话短长。

诗的意思是：绢帕、蘑菇、线香这些土特产，本来是供当地人民享用的，许多地方官吏却搜刮来奉献上司，反而使人民遭殃。我什么也不带，只带两袖清风去朝见皇上，免得老百姓议论长短。

由"清风两袖朝天去"，不禁令人联想到于谦的另一句名诗："要留清白在人间。"于谦19岁时写过一首诗，名叫《石灰吟》，"要留清白在人间"是其中的一句。全诗是：

千锤万击出深山，烈火焚烧若等闲。
粉身碎骨全不惜，要留清白在人间。

于谦在这首诗中，借对石灰不怕"千锤万击"、"烈火焚烧"、

"粉身碎骨"而"要留清白"的独特品格的吟咏，表达了自己不畏艰险、勇于牺牲的精神和矢志清白的坦荡胸怀。

于谦23岁中进士，32岁升任兵部右侍郎，巡抚山西、河南19年，为官清正廉洁，政声卓著，深得民心。明英宗年间，由于宦官专权，朝政腐败，蒙古瓦剌来犯，明朝50万精锐部队在土木堡全军覆没，皇帝英宗本人也被俘。举国上下大为震动。于谦临危受命，被任为兵部尚书，他坚决反对迁都南逃，并响亮地提出了"社稷为重君为轻"的口号，亲自指挥作战，挫败了瓦剌挟持英宗入侵北京的阴谋，使英宗复位。

"清风两袖"和"清白一生"正是于谦为官哲学和高洁品格的生动写照。

胸有河山

徐霞客（1586—1641），又名徐宏祖，明代伟大的地理学家和旅行家。他出身于书香门第，自幼好学，尤其倾心于历史、地理、方志、游记一类书籍，因而对祖国的壮丽河山产生了浓厚的兴趣和无限的热爱，萌发了遍游五岳的志愿。

徐霞客的母亲思想十分开通，她为儿子缝制了一顶非常漂亮的远游冠，并鼓励说，身为男儿，应该志在四方，不应羁留家园，也不必为功名利禄所束缚。母亲的教诲对徐霞客献身于地理考察，是莫大的支持和鞭策。

从21岁开始到56岁止，徐霞客几乎年年都要外出考察。那个时候的旅行条件异常艰苦，一路上不仅有风雨雷电，还有豺狼虎豹；不仅要忍饥受寒，还要抵抗病魔缠身，抵御强盗袭击。

有一次，徐霞客带了三个同伴，携带简单的行李，去西南地区考察。可是出发不到20天，有一个同伴就喊"吃不消"，告辞了。到了衡阳附近，又遇上了强盗，衣物全部被抢走，剩下的几人都受了伤。到了广西南宁附近，一位与徐霞客最亲密的同伴、和尚静闻不幸病死。徐霞客安葬了静闻，毅然继续西行。一路上几番重病，多次绝粮，克服重重困难才到了大理。这时，最后一个同伴也离他而去，还将他所有的钱财全部掳走。就在这样艰难困苦的情况下，徐霞客也没有被吓倒，他依然带病坚持考察，终于完成了西南地区的考察任务，那年他已54岁。

徐霞客的旅行不同于一般人的游山玩水，而是科学考察，志在考察奇山异水之地貌，探索形成之原委。他调查山脉一定要登上最高峰，研究河流一定要尽力追溯到源头，考察岩洞经常钻到最深处，对各种自然现象都要尽可能找出其因果关系和历史渊源。例如在考察湖南茶陵麻叶洞的时候，当地老百姓都说洞中有神龙奇鬼，没有符术的人进去非丧命不可，徐霞客偏不信这一套，坚持要进洞探个究竟。他带了一个仆人，打着火把，往洞里钻。可是洞口太小，他就倒过身来，脚先钻入，硬是钻进洞中，详细地考察了洞内地貌。待他从洞内爬出时，在洞口围观的老百姓都惊奇不已，个个发出赞叹，佩服他的勇敢无畏精神。

徐霞客的科学考察历时 30 多年，历尽千辛万苦，东渡普陀，西达云贵，北历燕冀，南抵闽粤，攀太华之巅，涉沧浪之水，历经数十省区，足迹遍于天下。在 30 多年的野外考察生活中，每天不论旅途多么劳累，他都要把当日的经历和观察记录下来。即使晚上寄居在荒村野寺里，或者露宿在残垣老树下，他也要点起油灯燃起篝火，坚持写好野外记录。正是凭借这种坚强的毅力和坚持不懈的努力，徐霞客才给后人留下了如此宝贵的地理巨著——《徐霞客游记》。

徐霞客一生都在探索祖国山河的奥秘，就在临终前，他还在病榻前研究考察带回来的矿石标本，真正做到了“死而后已”。

永不落志

蒲松龄，字留仙，号柳泉居士，山东淄川（今山东省淄博市）人，清代杰出文学家。他的代表作《聊斋志异》蜚声中外，其艺术成就达到中国古代文言小说的高峰，他被誉为中国文言短篇小说之“王”。

蒲松龄出身于一个以制作年画为业的商人家庭。蒲家从祖辈开始就热衷功名，但科名一直不显，难以出人头地。蒲松龄 19 岁那年考中了秀才，之后多次参加举人考试，均落榜而归。50 岁那年是他最后一次参加科举考试，在第一场考试中成绩出色，排名首位，似乎可稳操胜券；不料第二场考试时突生急病，无法忍耐，只好中途退出考场，自然又是以名落孙山告终。回到家里，妻子说他命中注定与科举无缘，他也认为自己命运不济，于是长叹一声，从此断了科举仕进的念头，彻底告别了考场。科举考试屡屡落第，蒲松龄写了一副楹联自勉：

有志者，事竟成，破釜沉舟，百二秦关终属楚；
苦心人，天不负，卧薪尝胆，三千越甲可吞吴。

蒲松龄落第不落志，不但没有消极懒散，反而更加积极进取，一边在家乡当私塾先生教书糊口，一边发愤著书立说，呕心沥血，集腋成裘，历经 40 余个寒暑，终于完成了不朽的短篇小说杰作《聊斋志异》的创作。蒲松龄的创作成果还不止此。他还根据民间流行曲调，写成了《墙头记》《姑妇曲》《慈悲曲》《寒森曲》《琴瑟乐》《蓬莱宴》等 14 种通俗俚曲，即演唱文学脚本；创作了《考词九转货郎儿》《钟妹庆寿》《闹馆》3 部剧本；创作了 1500 多首诗词和 400 多首散文作品，分别结集为《聊斋俚曲》《聊斋戏》《聊斋诗集》和《聊斋文集》。另外，他还写过一些启蒙性的通俗读物，如介绍农业生产知识的《农桑经》、解释年历季节的《历子文》，以及《日用俗字》《农民子弟婚嫁全书》等，这些读物，都是蒲松龄写给乡村老百姓读的，是作为文学大师之外的另一种贡献。

蒲松龄没有走通科举的道路，但他坚信有另外的道路可走。老天不负苦心人，他凭自己的意志和毅力，卧薪尝胆，终于走出了一块新的天地，照样取得了事业的辉煌。“东方不亮西方亮”这句俗语用在永不落志的蒲松龄身上，再恰当不过。

各让三尺

张英（1637—1708），清朝大臣。康熙二十八年，任工部尚书，兼翰林学士；后晋升为文华殿大学士，兼礼部尚书。张英学高品端，为官为人，在他的家乡江南桐城（今安徽省桐城市）极有声望。

在张英担任礼部尚书期间，有一天，接到一封来信，是母亲从老家写来的。这封来信和以往母亲的来信不同，不只是报报平安，而是带有气愤之情地向儿子诉说了这么一件事：原来，家里准备扩建宅院，却因地皮问题，与毗邻而居的叶家产生了矛盾。因为叶家也想建造房屋，扩大庭院，两家都想多占一点地皮，因此相持不下，水火不容。母亲希望儿子能帮她解决这个问题。张英从信中隐隐约约地看出，母亲有要他用名位官威来压服叶家的意思。

张英看完信后，沉思起来。矛盾怎么解决，这个简单，不用多想。他要多想一想的，是如何给母亲回信，说服老人家。他想至少要把这么三层意思说给母亲：一是按照圣贤的教诲，要反求诸已，推己及人，要有辞让之心。二是在对待邻里关系上，更要以谦让为重，这样才能和谐相处。比方说在这个争占地皮的事情上，让一分山高水长，退一尺海阔天空。三是儿子当今也确实有一点儿地位和官威，但以权势压人，既不符合做官之道，也不符合做人之道，断不可为。最后，还要把自己这么多年想明白的一个道理告诉母亲，那就是：当两方发生利益冲突的时候，就应当是官让民，强让弱，大让小，男让女，这才公平合理。张英想好了以后，立即给母亲写信，磨墨展纸，提笔挥毫，顺风顺水，一气呵成。写好以后，觉得言犹未尽，又附了一首小诗。诗是这样写的：

千里家书只为墙，让他三尺又何妨。
万里长城今犹在，不见当年秦始皇。

张英的母亲出身书香门第，也绝非不明义理之人。她接到张英的回信以后，越看越觉得，儿子信上所说的道理，都是儿子小时候，她不厌其烦地反复对儿子说过的。她顿时感到自己是老糊涂了，不禁哑然失笑。于是，她立即吩咐家人按照张英诗中说的去做，主动将要砌建的院墙让后三尺。叶家的人看到此情此景，特别是当他们知道这是礼部尚书张英来信叫家里人这么做的以后，对大学士的敬意油然而生，愧疚之余，也立即把正想修建的院墙退后三尺。于是，张叶两家的院墙之间就形成了一条六尺宽的街巷。此事一时之间被传为佳话。

300 多年过去了。至今，如果你去安徽桐城，仍可看到那条被人津津乐道的“六尺巷”。凡是知道“六尺巷”来龙去脉的人，每次从这里走过，心头总像有一股春水在暖暖地流动。

一视同仁

清代乾隆年间的著名思想家、文学家袁枚（1716—1797），辞官以后，居住在江宁（今江苏南京市）小仓山下。他的这个住处原为隋氏废园，经他修建，命名为随园。此后，袁枚便以“随园老人”自称，世人则叫他“随园先生”。这里先说一个“随园老人赠金”的故事。

一天，袁枚去西湖游玩，闲步来到断桥时，有一个满面愁容的少年向他问路。袁枚问少年为何事而如此闷闷不乐，少年回答说：他是平湖秀才，来湖上游玩，进钱塘城门时，行李被偷走了，无处投宿，所以发愁。袁枚又问：“你既是秀才，能作诗吗?”秀才回答说：“能。”于是，袁枚便以地上落花为题，要秀才当场赋诗。秀才顷刻吟诗一首，其中有两句是：“入宫自讶连城价，失路偏多绝代人。”写得极为切题，很有一点儿才气。袁枚十分高兴，不仅将这位秀才带到自己家中留宿一夜，而且第二天临别时，还送了一块金子给秀才做路费。后来，他还将这位名不见经传的秀才的诗，收进自己的诗话里加以评论。

袁枚看待人不是以贫富为标准，也不是以地位高低为标准，而是以有无才能为标准。对于那些穷困不堪而很有才能的读书人，他正是这样经常给予帮助的。袁枚撰写《随园诗话》，选诗作评，也同样是以有无才能而不是以有无名气为标准。只要是好诗、是佳作，不管作者是谁，贫贱也罢，无名也罢，照样都在他的选评之列。《随园诗话》里既收有不少布衣寒士的诗，也收有一些闺门少女甚至青楼歌伎的诗。还有一个卖面筋的袁某和一个裁缝郑某的诗，都被收进他的诗话，并且他认为这些诗就是和李白、杜甫的作品相比，也不显逊色。

对于没有真才实学的，袁枚决不给予支持，就是自己的侄子也不例外。在科举时代，人们普遍热衷于让自己的孩子参加科举考试，而对如何促进孩子真正成才反倒不很重视。甚至还有的家长为了让孩子中举，不惜绞尽脑汁想一些歪门邪道。比方说，打听哪里好考，就想办法让孩子到那里去考。有一天，在金陵（今南京市）做官的袁枚，突然收到弟弟的一封信。他看着看着，眉头皱了起来。原来，他弟弟袁香亭有个儿子叫阿通，正在武林（今杭州市）读书。袁香亭听人说金陵比武林好考，就想让阿通到金陵去参加考试。袁枚当然不赞成这样做。他专门写信给弟弟，批评弟弟说：有一句话叫“知子莫若父”，阿通的学识你也不是不知道。这孩子文理浮浅粗疏，与“秀才”这两个字的距离还远着呢！如果你认为南京这地方的风气赶不上杭州，容易考取，让孩子来碰运气，你这是降低标准来要求儿子，很不应该。袁枚最后还开导弟弟说：要让阿通好好读书，打好基础，待学识真正有了长进，再让他参加科举考试不迟。要明白这样一个道理，没有真才实学，纵然考中科举，谋得功名，做了大官，最终也必定只是误国、误民直至误及自身罢了。

袁枚本人也曾收徒讲学，办学思想也很有特色。比如在女子教育的问题上，他就和孔子以来的传统观念有很大不同。不论男女，只要是有才能的，他都乐于收为学生。他不顾当时封建舆论的责难，收了一批女弟子，真正做到了“有教无类”。有人认为他的这一大胆举动，比孔子还要高明。这一说法虽然有点过分，但在对待男女学生一视同仁上，袁枚也确实称得上是开时代风气之先。

文盲圣人

在美国的哥伦比亚大学，设有一个专门研究中国文化的汉学讲座，名叫丁龙讲座。这个讲座以中国人丁龙的名字命名，还有一段故事。这段故事发生在美国南北战争时期，也就是中国清朝同治年间，距今已将近150年。

有个美国将军名叫卡本迪，参加过南北战争，退休后居住在纽约附近。这位将军孤身一人，性情怪异，对仆人之劳的要求近于苛刻，稍不满意，就又打又骂，无人能忍受得了，几乎所有仆人都干不了几天就断然离去，而且发誓永远不再回来。有一位华工，名叫丁龙，山东人，他来到将军家当仆人后，工作勤恳，服务周到，而且性格宽厚，有忍性，对于将军的呵斥怒骂他都忍受了下来，成了在将军家干的时间最长的一位仆人。但是，忽然有一天，将军无名火起，似乎要在仆人身上出气，毫无理由地把丁龙赶走了。

丁龙走后没有几天，将军家遭遇了一场火灾。正当将军焦头烂额、孤单无援之际，一个仆人出现在他的面前，这个仆人便是被他赶走不久的丁龙。丁龙一到，什么话也没说，就干起活来，继续尽他的仆人之责，为将军家打理善后。

将军心里非常高兴，但又迷惑不解，问丁龙为什么还要回来。丁龙回答说："听说你家失火，我想肯定需要人帮忙，所以我就回来了。"

将军又问："几天前我刚把你赶走，我对你如此无礼，你怎么还肯回来帮我?"

丁龙回答说："我们中国古代有位孔夫子，噢，他也是山东人，人家都叫他孔圣人，他讲忠恕之道。将军你平常虽然待仆人的态度不好，但我发现你的心地也并不太坏。我来你家当仆人，说明我和你总还有点缘分。你这个时候正需要有人帮助，我要是不来，就不符合我们孔圣人所讲的忠恕之道了。"丁龙还怕将军不明白"忠恕之道"是什么意思，就根据自己的理解向将军作了解释：所谓"忠恕之道"，就是诚心待人、原谅别人。

将军从丁龙的话里听出来，他的无礼已被丁龙原谅了，颇受感动。同时，从丁龙的话里他还听出来，丁龙好像还是一个读书人，这让他肃然起敬，就说："原来你是个读书人，能读古书，知道你们国家古代圣人讲的道理。我以前不知道你这么有学问，对你失敬了。"丁龙说："我不是读书人，我也不识字。我知道孔圣人讲的道理，是我小时候父亲讲给我听的。"将军接着又说："那你是出身于书香门第了。"丁龙微微地笑了一笑说："也不是。我父亲也不识字，是我的祖父讲给他听的。而且就连我的祖父也不识字，他也是从他的上一辈那儿听来的。"

原来是这样。将军完全明白了，丁龙出身于世代农耕之家，祖辈都是文盲，他们所懂得的并遵循着的为人处世的道理，都是靠祖祖辈辈的口传心授而来的。对于圣人讲的道理，他们一代又一代地传承了下来，而且按照圣人讲的道理去做，做得又这么好，这让将军大受震动。于是，将军诚恳地请求丁龙长期留在他身边，与他做伴。他们两人都没有结婚，就这样由主仆而朋友，相依为命地在一起生活了几十年。

丁龙后来患了重病，生命垂危之际，他拉着将军的手说："我在你家工作了几十年，吃穿住用都由你供给。你给我的工资我都积存了下来，大约有一万美金。这些钱本来都是你的，我死后，把这些钱还给你，也算是我答谢你的厚德吧!"将军听了非常感动，含着热泪与丁龙作了最后的告别。

丁龙死后，卡本迪将军老是在想：一个不识字的中国劳工竟能有如此品格，说明中国文化实在太了不起。他发愿要为让世界上更多的人了解中国文化作点贡献。于是，他把自己的全部财产加上丁龙的遗金统统捐献给哥伦比亚大学，指定设立一个专门研究中国文化的讲座，并坚持要以丁龙的名字命名，以纪念一位他心怀敬意的来自中国的“文盲圣人”。

捡拾谷粒

曾国藩（1811—1872），湖南人，清朝大臣，湘军首领，当时被称为“权管四省，位列三公”，其家庭算得上是显贵之家。但曾国藩的勤俭家风在当时也是出了名的。他决不允许子女有丝毫的铺张浪费，而他自己首先身体力行。在他的严格要求下，他的几个孩子都没有染上丝毫的大少爷作风，个个成才，尤其是大儿子曾纪泽诗文书画俱佳，并自学英文，成为清代著名的外交家。

曾纪泽每当回忆起父亲的时候，对自己小时候目睹的一件小事，总要常常提起。有一次家中吃饭，纪泽一边吃一边不断地用筷子往外挑东西。曾国藩一看，原来纪泽挑出来的是夹杂在饭里的谷粒。他什么也没说，只是把谷粒一一捡起，用牙齿咬掉谷壳，然后将其中的米粒一一吃掉。看到父亲这样做，纪泽知道自己错了，惭愧地低下了头。第二天，曾国藩照例要教孩子背诵古诗，这次选背的是一首著名的悯农诗，叫《锄禾》，共四句：“锄禾日当午，汗滴禾下土。谁知盘中餐，粒粒皆辛苦。”他先自己朗读一遍，再和孩子们一起朗读一遍，然后就让孩子自己一遍一遍地背。尽管他什么也没有说，可孩子们都从这首诗里明白了父亲的良苦用心。打那以后，他们每次吃饭都不再浪费了，洒在桌子上的饭粒，他们都能捡起来吃掉。父亲捡拾谷粒和带孩子们背诵古诗的情景，深深地铭刻在纪泽的脑海里，让他终生难以忘怀。

孩子们渐渐长大了，离开了父亲，可是曾国藩还是通过家书不断提醒他们要保持节俭的作风。他在给纪泽的信中写道：“凡世家子弟，衣食起居，无一不与寒士相同，庶可以成大器；若沾染富贵气习，则难望有成。”对女儿也同样要求：“衣服不宜多制，尤其不宜大镶大椽，过于绚烂。”

要求孩子这么做，曾国藩本人首先就是这么做的。拿衣食来说，他的布袍鞋袜多系夫人、媳妇所做，平时不着锦帛，直到30岁生日这天才穿上一件青缎马褂，第二天就视为珍宝般地收藏起来，以后只有来尊贵客人和过年时才穿上一回，藏衣30年，犹如新衣，直到他去世时，家人还遵嘱将这件衣服给他穿走。他自己曾在文章中说过：“吾忝为将相，而所有衣服，不值三百金。”他不仅布衣布鞋，而且粗茶淡饭，每餐仅一荤，非客至绝不增添，因此后人戏称他为“一品（即一荤）宰相”。

讨 饭 兴 学

武训（1838—1896），原名武七，清末山东堂邑县（今山东省聊城西）人。他出身贫寒，5 岁时死了父亲，跟着母亲讨饭度日；7 岁时又死了母亲，只得跟着伯母过活。小时候，他几次想进学堂读书，都因贫穷而不能如愿。有一次，他站在学堂门旁，看着有钱人家的孩子读书，羡慕不已，舍不得离开，后来竟被教书先生赶了出来。稍长，他不愿拖累伯母，先后三次为人家做工。让他万万想不到的是，三次做工的工钱都被赖掉。有一次在张举人家，不但拿不到工钱，还遭到了一顿毒打。他受尽了冤屈，一气之下病倒在床。一连几日，他反复思量，终于想通了一个道理：自己以前之所以受人欺侮，都是因为没上过学、不识字的缘故。同时他还想到，别的许许多多的穷孩子也同自己一样，因为不识字而受人欺侮。于是，他便立下一个志愿：兴办义学，让所有的穷孩子都能读书识字，解除没有文化的痛苦。

“义学”，又叫“义塾”，是中国封建社会里的一种私学形式，一般是由有钱的个人出资或由宗族公款兴办，招收贫民子弟入学。武训是一个穷得叮当响的老百姓，地无一垄，房无一间，钱无一文，自己连饭都吃不饱，怎么能办学呢？但他还是想出了一个办法：讨饭兴学。也就是通过乞讨和募捐，来一点一滴地攒钱，然后再兴办义学。这是武训唯一能够走的兴学道路。这是一条多么艰难的路啊！但是他志向已立，决心既定，便开始了讨饭兴学的漫长生涯。

武训是一个很乐观的人，他自己编了许多歌，边唱边讨饭，他走村串巷，讨到哪里唱到哪里。

武训的第一支歌就唱出了自己讨饭的目的：

扛活受人欺，
不如讨饭随自己。
别看我讨饭，
早晚修个义学院。

他劝人为办学出钱，就这么唱道：

你们行善我代劳，
大家帮着修义学。
不嫌多，不嫌少，
舍些金钱修义学。

为了积钱办学，他一辈子不结婚，不要老婆和孩子。有人说他得了“义学症”，他心安理得地默认了。他自己唱道：

人生七十古来稀，
五十三岁不娶妻。
亲戚朋友断了净，
临死落个义学症。

就这样，武训为着一个崇高的目标，坚持不懈，惨淡经营，讨饭30年，积攒了几千两银子，终于在光绪十四年（1888年）建立了柳林镇义塾。这时武训已整50周岁。后来，到武训58岁去世之前，又办成馆陶、临清两所义塾。武训死后，清政府封他为“义学正”，老百姓则称他为“创建义学武善士”。

一个穷得身无分文的老百姓，凭借自己乞讨办起了三所学校，这不但是中国办学史上前所未有的奇迹，就是在世界办学史上也找不到先例。武训的故事告诉我们：道德和善行不是所谓上层的奢侈品，即使是处于金字塔最底层的人也能够绽放出光彩夺目、震撼整个社会良知的道德光芒。

白石兰芳

齐白石（1864—1957）是我国近现代卓越的国画艺术大师。他的崇高品格和铮铮铁骨，也是举世闻名的。1937 年“七七”事变后的一天，他的家门口贴出一张非同寻常的“告白”——“画不卖与官家，窃恐不祥，告白”。“告白”上说：“从来官不入民家。官入民家，主人不利。谨此告知，恕不接见。”

齐白石此举让一些达官贵人和汉奸特务恼羞成怒。于是他们勾结日本人，对齐白石进行报复。一天，只见一群日本宪兵全副武装，闯进齐白石的画室，翻箱倒柜，没收了他多年靠作画积存的一笔数目可观的存款。愤怒的齐白石，砍掉了住宅内亲手栽植的所有花木，毁掉了葡萄藤，甚至连根都挖了。

齐白石对那些贪官污吏、汉奸特务、日本军阀等更加憎恨，他常常借写诗作画影射和咒骂这些家伙。在一幅《群鼠图》上，他题诗道：“群鼠群鼠，何多如许？何闹如评？既啮我果，又剥我黍。烛灯残，天欲曙，严冬已换五更鼓。”尖锐地斥责了那些欺压和剥削百姓的“群鼠”的罪行。

齐白石毕生鄙视官僚、不慕官禄，而且本人还有几次辞官不就的举动。40 岁那年，齐白石外出游历，到陕西省时，正做陕西臬司（类似今天的省法院院长）的樊樊山，想推荐他当“内廷供奉”，这在别人看来是极好的晋身之阶，齐白石却谢绝了；到北京时，北京有位官僚想为他捐一个县官，齐白石也同样没有接受。

白石兰芳

这是为什么呢？齐白石自己曾经说过：“夫画者，本寂寞之道。其人要心境清逸，不慕官禄，方可从事于画。”正是他“不慕官禄”的崇高品格成就了事业的辉煌，使他成为一位真正的“德艺双馨”的艺术家。

无独有偶。近现代另一位艺术大师、位居“四大名旦”之首的梅兰芳，也是品行高洁之人。在民族气节方面，梅兰芳同样令人称颂。日军占领上海后，梅兰芳杜门谢客，过起了隐居生活。1942年，日本帝国主义为了粉饰太平，妄图把梅兰芳请出来，让他率领剧团赴南京、长春、东京等地巡回演出，梅兰芳以牙痛为由婉言谢绝。此后，他便留起了小胡子，对外称自己“上了年纪，嗓子坏了，早已退出舞台”。日本华北方面军头目要派汉奸朱复昌“请”梅兰芳出面讲几句话，梅兰芳听说后，让医生给自己打了3次伤寒预防针，发起了高烧，一连几天不退。日本人派军医去检查，发现梅兰芳果然得了伤寒，高烧42度，他们这才放弃原来的打算。梅兰芳在八年抗战中，蓄髭明志，始终拒绝为敌伪演出；直到抗战胜利以后，他才剃掉胡髭，重登舞台。

坚如白石，馨如兰芳。两位艺术大师给我们留下的艺术遗产和精神遗产，实在是太丰富太宝贵了。

文化为公

“数百年旧家无非积德，第一件好事还是读书。”这是大出版家张元济（1867—1959）晚年所写的一副对联。近代中国，许多人都在寻找富国强民的道路，而张元济选择了以出版来推动教育，为中华民族的文明“续命”。嗜书、寻书、藏书、编书、出书，写就了他的一生。

张元济主持商务印书馆期间，十分看重教科书的编写工作。当时中国不是没有教科书，但是都编得不好，一类是教会的教科书，从西方引过来的，与中国的国情不相符；另一类是读古书出身的老夫子编的，写得太艰深，也不符合教育学的规律。在这种情况下，张元济决定自己来编一套国文教科书。

张元济编课本的方法很独特，不是一个人单打独斗，而是大家围坐一起畅所欲言，每个人都可以说出想法和主张，倘若是被大家公认为有价值的，则详细讨论。讨论者从儿童启蒙的特点出发，由简入繁、循序渐进，往往因为一个字，大家会争论得面红耳赤。一点一滴都要讨论到所有参与者都没有异议为止。每完成一篇课文，大家再“轮流阅读，或加润色，或竟改作，相互为之，毫无成见”。

1904 年，商务版《最新初等小学国文教科书》出版，被全国各地的学堂广泛采用。商务印书馆的发行所挤满了争购的人群。商务版教科书在晚清时候的发行总量占到了全国的五分之四，其中最新国文教科书曾经翻印过 30 多次，印刷总量达到一亿册，成为那个时代教科书的范本。而有了这样的精品，那些粗制滥造的教科书也就无立锥之地了。

在张元济的规划下，商务印书馆编写了从小学、中学到大学的全套教科书，组织翻译出版了大批外国学术和文学名著，其中严复翻译的西学名著和林纾翻译的欧美小说影响尤为深广。编辑出版中国第一部新式辞书《辞源》，开创了中国现代工具书出版的先河。同时出版发行了《东方杂志》《小说月报》《教育杂志》等优秀刊物。

在编书出书之余，张元济所做的另一件事，就是搜罗旧书，涵芬楼就是1909年他专门为收藏古籍善本而建造的。张元济在报上刊登了收购古籍的广告，还在家门口竖起一块红底黑字的招牌，上书“收买旧书”。有书贩夹了包裹前来，张元济就让家人先替他收下，等晚上回来后再行翻阅鉴定。他每到一处，只要见到古籍善本，必倾囊购买。每一次去北京，他总要到琉璃厂或书铺集中的地方去，自己带了古籍书目，在哪一家店，看到什么书，怎么样的版本，他都一一记录下来，作为日后收书、买书的重要资料。

著名的版本目录学家傅增湘是张元济的知己，张元济在给他的信中曾写道：“吾辈生当斯世，他事无可为，惟保存吾国数千年之文明不至因时势而失坠，此为应尽之责。”他们两人的通信现存30万字，里面除了看到什么书、什么价、怎么买，就是什么书怎么印、怎么出版等等，别无他言。

经过二十年如一日的努力，涵芬楼所藏古籍善本甚至超过了当时的国家图书馆，在全国首屈一指。“中原文物凋残甚，欲馈贫粮备苦辛。愿祝化身千百亿，有书分饷读书人。”传统藏书家一般从不把珍藏轻易示人，而张元济不同，他希望能让更多人看到古文献，于是在涵芬楼的基础上建成了著名的东方图书馆向公众开放。同时还用最好的现代印刷技术，影印出版古籍。从第一种《涵芬楼秘笈》开始，张元济陆续主持编校、辑印了《四部丛刊》《续古逸丛书》《百衲本二十四史》《四库全书珍本初集》等，其中绝大部分是他在1926年退休之后完成的，是他晚年的全部心血。

书痴一生，文化为公。

破釜沉舟

华侨领袖陈嘉庚，1874 年出生在福建省同安县一个叫集美社（今厦门市集美镇）的小渔村。他的父亲是南洋侨商，在新加坡经营米行。17 岁那年，陈嘉庚离开故乡去新加坡继承父业。父亲留给他的遗产竟是一身债务。陈嘉庚先是靠贷款办了一个菠萝加工厂，惨淡经营多年，总算还清了父亲破产欠下的债款。接着，他以一个企业家的敏锐眼光，看到了橡胶业的前途，及时把重点转向经营橡胶，并且发愤创业，从而赢得巨大利润，一下子成了腰缠万贯的大富翁，同时也获得了“橡胶大王”的称号。

陈嘉庚自幼生活在闽南农村，目睹到广大农村贫穷落后，农民愚昧无知，尤其是一些十余岁的孩子，因没有学校可进，得不到受教育的机会，只能像他们的父辈一样，重走贫穷愚昧的老路。这种状况使陈嘉庚痛苦万分。他说过：“每念及此，乃默许自己如力所能及，当以竭力办学，以尽国民天职。”眼下他有钱了，实现自己心愿的时候到了。他在给友人的一封信中，充分表达了自己“倾资办学”的“破釜沉舟之志”：

我性迟钝又失学，民国未光复之前，尚不明爱国真理。迨光复后猛省勃发，刻刻不去于怀。窃念分子天职，欲实行报效工作，尤以乡梓需要为急务，故不计成败，痛下决心，实事求是，以文化为基础，热忱勇往，有进尺无进寸，抱定破釜沉舟之志也。

抱着这种信念，陈嘉庚不惜倾其所有，开始实施宏伟的办学计划。1912 年，他在家乡集美社首先创办了集美小学，接着创办了集美中学。为了培养师资，1917 年他又创办了集美师范学校。为了提高农业科学水平，他又创办了农林学校。他看到福建海岸线长，可是渔业和航海事业都很落后，便又创办了水产学校和航海学校。之后，他还陆续兴办了女子师范、幼稚师范和商科学校。他还在家乡兴建了图书馆、科学馆、农林试验场、医院等。就这样，集美社发生了神话般的变化，由一个原来不知名的小渔村，变成了一个拥有各类学校的规模宏大的学区，在全国独一无二，人称“集美学村”。

集美学村的兴旺，人们对集美学村的称赞，使陈嘉庚露出了笑容。但他并没有就此停步，他的心里酝酿着更加宏伟的办学计划。创办大学，是长期以来藏在陈嘉庚心中的一个夙愿。他深知要改变祖国贫穷落后的面貌，不能没有大批的专门人才；同时他还想到，福建这样一个有一千多万人口的省份，竟然没有一所大学，这让他这个福建人吃饭不香，睡觉不甜。于是，他决定倾资创办厦门大学。在选定校址之后，陈嘉庚在厦门浮屿“陈氏宗祠”邀集地方人士开特别大会，宣布他创办厦门大学的决定。他说：“民心未死，国脉尚存，以四万万之民族，决无甘居人下之理。今日不达，尚有来日；及身不达，尚有子孙。如精卫之填海，愚公之移山，终有贯彻目的之一日。勿自馁其志，而视为杯水车薪，无裨大局，乃知众擎易举，众志成城，是所深望海内外同胞也!”

1921 年厦门大学正式成立，不久发展成为文、理、法、商、教育等 5 个学院 17 个系、教学设备堪称一流的闽南最高学府。1929 年，在资本主义世界发生经济危机的情况下，陈嘉庚的企业亏损了，经济尽管已十分困难，但他仍然千方百计地给厦门大学和集美学校提供费用。1934 年，当厦门大学经费短缺难以为继时，他毅然卖掉在新加坡的三幢大楼用以救援，“卖掉大厦救厦大”一时被传为佳话。

陈嘉庚一生创办或资助过的学校超过百所，所花的钱超过一亿美元；并且把学校办成一个“系统工程”，从幼儿园到大学，形成普及与提高、普通教育和职业教育相结合的学校，这在私人办学的历史上，都是没有先例的。

“破釜沉舟”是一句成语，比喻决心很大，不留后路。像陈嘉庚这样为办教育倾其所有、不留后路的人，实属凤毛麟角。因为投资办学，纯属奉献，事业并不显赫。但是，教育之功在于千秋，虽不显赫却能永存。功不显赫丰碑在。陈嘉庚已成为一块丰碑，长立在中国民众的心上。

铁肩辣手

邵飘萍（1886—1926），中国现代史上响亮的名字，不仅因为他是中国现代报业史上的开风气者，更因为他是在中国传统专制社会向现代公民社会转型过程中追寻新闻自由的罹难者。

邵飘萍出生于浙江东阳紫溪村，原名新成，字振青，从小聪颖过人。他14岁中秀才，喜读历史，晚清内忧外患激发了他救国救民的理想。21岁那年，邵飘萍考进浙江省立高等学堂，读书期间常为上海《申报》写地方通讯。绍兴大通学堂的秋瑾女士年长他9岁，他们之间有交往，秋瑾的遇害深深地刺激了他。从那一刻，邵飘萍懂得了自由是一批最卓越的人用鲜血浇灌出来的。鲁迅说，体格茁壮的国人，多少于事无补，至多给别人做砍头的材料罢了，救国，最有效的莫过于提倡新文艺了。基于与鲁迅一样的认识，邵飘萍终生选择了做一个报人。

1912年，邵飘萍任《汉民日报》主笔。初到《汉民日报》不久，邵飘萍就开始大力宣传孙中山的主张，揭露贪官污吏的丑行，抨击封建军阀的暴政，就此与杭州的权贵结下了深仇大恨。为了扼杀舆论，权贵们多次企图加害于邵飘萍，但是邵飘萍却以“报馆可封，记者之笔不可封也。主笔可杀，舆论之力不可杀”的大无畏精神，仗义执言，写下了“呜呼！内务部。呜呼！内腐部！”这样的言论以及大量的新闻和评论。1913年，宋教仁在上海火车站被刺客暗杀，邵飘萍有预见性地指出：“有行凶者，有主使者，更有主使者中之主使者”，矛头直指袁世凯。当局立即以“扰害治安罪”查封了《汉民日报》，并逮捕了邵飘萍。邵飘萍自己回忆起这段经历是这么说的，“忽忽三载，日与浙江贪官污吏处于反对之地位，被捕三次，下狱九月”。

1916年，邵飘萍被《申报》聘为驻京特派记者，他来到了北京，开始了一个特立独行的报人辉煌的十年生涯。他先是愤慨于外国通讯社任意左右中国舆论，于1916年7月，首创了“北京新闻编译社”，自编本国新闻，翻译重要外电，每天19时左右准时发稿。这是中国最早的通讯社。其后，邵飘萍敏锐地发现，当时北京的报纸几乎都被各个政治集团操纵，往往不是以事实为标准，而是以一党一派的私利和津贴为考量。这样的状况让邵飘萍深感要有自己独立的报纸，不依附于任何权势集团，独立地发言、独立地报道，把真实情况告诉民众。1918年10月5日，邵飘萍辞去《申报》的职务，自己投资创办了《京报》。

《京报》创刊时，邵飘萍特意写了四个大字“铁肩辣手”挂在编辑室的墙上，以自勉和激励同事。“铁肩辣手”取自明朝杨椒山的著名诗句“铁肩担道义，辣手著文章”。邵飘萍将“铁肩”与“辣手”组合在一起，反映了他胸怀真理、不畏强暴的倔强性格和办报宗旨。《京报》无党无派，不受军阀操纵，主张言论自由，成为探求事实真相的先锋和民众发表意见的平台，很快就受到广大读者的喜爱。邵飘萍既是社长，又要搞经营管理，同时继续他的记者生涯，坚持采访。

1919年因发动和宣传“五四”运动，《京报》被查封，邵飘萍流亡日本。时隔一年，段祺瑞政府垮台，邵飘萍返回北京复活《京报》。复刊后的《京报》不改初衷，尤其是对北洋政府丧权辱国，大小官员贪残横暴的揭露更是不遗余力。1925年底，邵飘萍利用《京报》的一个特刊，历数了张作霖的恶迹，张作霖随即拿出30万元贿赂邵飘萍，希望《京报》能够替他说话。没想到邵飘萍立即将款退回，并一如既往地揭露“大帅”。据邵飘萍的夫人汤修慧女士回忆，收到钱后，他曾对家人说：“张作霖出30万元买我，这种钱我不要，枪毙我也不要！”这种软硬不吃、义无反顾的勇气让张作霖十分恼火，他发誓，打进北京城要活捉邵飘萍。1926年4月18日，张作霖悬赏捕杀邵飘萍的密令到了北京。邵飘萍在家人的劝说下，不得已躲到了东交民巷六国饭店。

4月24日，邵飘萍被一名叫做“张瀚举”的人出卖而被捕，于4月26日凌晨秘密执行枪决。刑场上，邵飘萍表现得镇定自若，传说当时他对在现场进行监督的官兵说了句“诸位免送”，然后就仰天大笑，从容就义。一个著名报人的生命走到了尽头，年仅40岁。

酒中君子

梅贻琦（1889—1962）是我国近现代著名教育家，曾连任清华大学校长17年。他有一句名言：“大学者，非有大楼之谓也，有大师之谓也。”许多人对“大师”有片面的理解，仅看到学问的一面，而梅先生讲的“大师”则是学问道德俱佳的楷模。他说：老师不但要“以己之专长之特科知识为明晰讲授”，而且要为学生的“自谋修养、意志锻炼和情绪裁节”树立榜样。

在为学生树立榜样方面，梅贻琦自己可以说是率先垂范。他的廉洁奉公是有名的。担任校长后，住进清华园甲所（校长住宅），他首先放弃校长的特权：家里的工人自己付工资，电话费自己付，不要学校供应的两吨煤。款额虽小，但他认为，“这是观念和制度的问题”。

抗战期间，清华大学等数所名校搬迁到云南昆明，组成西南联合大学，梅贻琦主持校务。在联大期间，梅校长经常“吃的是白饭拌辣椒，有时吃上一顿菠菜豆腐汤，全家就很满意了”。一天，云南省主席龙云的夫人顾映秋心血来潮，向梅贻琦夫人韩咏华提出，要到她家尝尝梅夫人的拿手菜。这时梅贻琦早已囊中空空，为准备那顿饭，韩咏华把孩子们小时候穿的衣服，以及亲友们送给孩子的玩具和工艺品都从箱底翻出来，在大西门摆了个小地摊，亲自在那里叫卖。这些旧物一个星期才卖完，夫妇两人如愿以偿地请省主席夫人光顾寒舍，吃了一顿在顾映秋看来很简单的便饭。

韩咏华想找份工作，但作为当时中国第一校长的梅贻琦，不肯利用职权为妻子谋利。教务长潘光旦的夫人给她出了个主意："咏华，你做的米糕，我们家大人孩子都喜欢吃。我看你不如到大西门卖米糕算了。"袁复礼教授的夫人也点头赞成。韩咏华沉默了半晌说："如果不是为了抗战，我们何苦受这份罪。这糕叫定胜糕，这是个吉祥的名字。我们再在糕上写点字吧。"说干就干，三人真的做起了卖米糕的生意。袁复礼夫人总有办法搞到当时紧俏的廉价碎米，由潘光旦夫人把碎米磨成米粉，把赤豆做成豆沙，再由梅贻琦夫人亲手调制蒸熟，用红糖浆写上"一定胜利"四个字。最初她们做的米糕由西南联大总务处一位姓赵的庶务介绍，到城南的冠生园寄卖。后来为了多赚点钱，夫人们便自己提着篮子到街上去叫卖。定胜糕在昆明街头销路很好。开始的时候，韩咏华不愿别人知道她是西南联大校长的夫人，每次上街都摘掉眼镜，脱下旗袍，换上从农民手里买来的蓝布装。可白皙的皮肤，鼻梁两侧深陷下去的眼镜凹印，还有那明显带有北方口音的昆明话，都瞒不了人。久而久之，不仅联大校园里的人，而且昆明街上的市民，都知道这位走街串巷卖米糕的女人正是大学校长的夫人。而定胜糕的名称也就此传开了。

抗战胜利后，清华大学迁回北平，梅贻琦继续担任校长，直至 1948 年北平解放。1955 年清华大学在台湾新竹"复校"，梅贻琦再任校长。他为母校服务多年，虽然清华基金雄厚，但绝不苟取分文。1962 年 5 月 19 日，梅贻琦病逝于台大医院。由于他一生两袖清风，个人没有什么积蓄，去世前病危住院的医疗费用、去世后的殡葬费等，都是由他的学生和校友捐助的。他逝世后，秘书把他在病中一直带在身边的一个手提包封存了。两个星期后，在有各方人士参加的场合下启封。打开提包一看，原来是清华基金的账目，一笔笔非常清楚。

梅贻琦嗜酒，并且在这一点上也堪称"君子"，以至于被酒友们尊称为"酒圣"。考古学大师李济回忆："我看见他喝醉过，但我没看见他闹过酒。这一点在我所见过的当代人中，只有梅月涵先生与蔡孑民（蔡元培）先生才有这种‘不及乱’的记录。”

曾有一篇纪念他的文章，标题就叫《清华和酒》。“在清华全校师生员工中，梅先生的酒量可称第一……大家都知道梅先生最使人敬爱的时候，是吃酒的时候，他从来没有拒绝过任何敬酒人的好意，他干杯时那种似苦又似喜的面上表情，看到过的人，终生不会忘记。”

1947 年，抗战胜利后清华第一次校庆，在体育馆摆了酒席，由教职员开始，然后 1909 级，逐级向校长敬酒。梅贻琦总是老老实实地干杯，足足喝了 40 多杯。

君子的高风亮节，正是这样体现在一点一滴的小事之上。

公私两袋

陶行知（1891—1946），安徽歙县人，我国现代著名教育家。

陶行知去世后，给予他的崇高评价实在是太多了，像“人民教育家”、“当代孔子”、“万世师表”，等等。相比之下，“真人”这一评价尽管显得过于朴素，但它似乎更能概括陶行知的品格。这里不妨说个公袋与私袋的故事。

陶行知一贯认为，对待金钱的态度，最能衡量出一个人是不是“真人”。他经常语重心长地说：“金钱是破坏人格完整的最大敌人。多少有本领有学问的人，通不过这一难关。公家的钱，即使是一角一分，也应搞得清清楚楚。”

在创办育才学校的艰苦岁月里，面临着经济的巨大困难，身为校长的陶行知宣布了一条铁的纪律：在任何情况下，任何人不得借故挪用分文公款。他自己首先身体力行。他的上衣缝有两只口袋，一只口袋装公款，一只口袋装私款。一次，陶行知外出募捐，募得了不少现款，口袋里装得满满的。归途中，他突然发现私袋里一分钱也没有了。当时，已经饥肠辘辘，但他坚决不挪用公家一分钱，硬是忍着饥饿坚持从十几里外步行回到学校吃饭。

1940 年 9 月，周恩来和邓颖超到育才学校参观，给师生作报告。陶行知另有要事，要去重庆北碚，临行前他派人负责周恩来的保卫工作和生活安排。第一顿饭办了六菜一汤，周恩来说太浪费了，不肯吃，副校长马侣贤一再解释，说是陶校长走时交代的

任务，周恩来只好接受了，但减去了两个菜。原来陶行知行前已向马侣贤交代过："周恩来诸先生来校的一切费用，连酒菜、饭茶、滑竿、船钱等都开在我的暂记账上，由我承担，并请立即清算，以便照付。学校经费中不宜动用一文。"周恩来在育才学校住了两夜，离去的第二天，陶行知就向学校结算这笔费用。计招待饭菜二十五元九角，滑竿二十元，船资十二元，总共五十九元九角，全部由陶行知付清。

陶行知对"混账"二字有一个别出心裁的解释，他在《尊重公共财产》一文中说："公私之间应当划条鸿沟，绝对隔离，不使它有毫厘之交通。私账混入公账，公账混入私账，就是混账。公民不但自己不混账，而且要反对一切混账的人。"他还在《一张空前的广告》中大声疾呼："我们要律己不苟，律下不苟，律上不苟，方能创出一个廉洁的社会。"陶行知最为推崇的两个字就是"廉洁"。他说过："私德最重要的是廉洁，一切坏心术坏行为，都由不廉洁而起。"

陶行知有句名言："捧着一颗心来，不带半根草去。"有人说他"生前不占一文钱，死后不带半根草"，这是对他的最高评价。

青年之友

徐悲鸿（1895—1953）不仅是中国现代数一数二的大画家，而且是一位珍爱人才、热爱青年的大教育家，他千方百计地帮助穷苦提携后起，堪称青年才俊的良师益友。

1933 年夏天，时任南京中央大学艺术系教授的徐悲鸿，带着学生到庐山写生，归来途经南昌。他的寓所每天都有造访的人，其中以青年美术爱好者为多。

一天上午，一个年近三十的来访者走到他面前，深深地鞠了一躬。这人穿一件旧长衫，腋下夹着个小包袱。徐悲鸿请他坐下。他没坐，打开包袱，拿出几块图章和几张画。徐悲鸿看了图章的拓片，发现刻得很好，细看边款署名是：赵之谦。徐悲鸿纳闷了，说："这些图章……"那人喃喃地回答："是我仿的。为了生活，我仿赵之谦的图章卖。"徐悲鸿说："你完全不必要仿。你自己刻得很好嘛！"再看他的画。他画的是山水，尺幅不大，却有一股灵气扑来。徐悲鸿对着画幅，久久凝视。他被征服了。

通过询问，徐悲鸿得知来访者叫傅抱石，是小学代课老师。徐悲鸿请他坐下，又问了些学画方面的事情，并要他再拿一些画来看看。白天人太多，叫他晚上来，最好在 10 点钟以后。傅抱石兴奋地回到家里，挑出自己比较得意的几张，包在一起，好容易待到吃了晚饭，便到徐悲鸿的住处来了。徐悲鸿不在。有人告诉他："徐先生留了话，晚上去赴个约会，10 点钟才回来。"傅抱石站在门口，一直等到10点钟。果然，徐悲鸿回来了。留下了他的画和地址，叫他回去了。

第二天，一早就下雨。傅抱石在家里坐立不安，焦急难耐。他想立刻就知道悲鸿大师对他的画的看法，甚至想以此来断定自己选了美术这条路究竟对还是不对。时间一点点地过去，雨，依旧下着，傅抱石忽然听到巷口有人问路，他从窗子里看去，惊奇地叫了起来："来了！来了！大师来了！"说着冲了出去，把冒雨来访的徐悲鸿接了进来。他把徐悲鸿让在床边坐下，自己不知道说什么好，呆呆地站在那里。徐悲鸿说："傅先生的画，我都看了。顶顶好！顶顶好！"傅抱石还是不知道该说什么。徐悲鸿又说："你应该去巴黎，去留学深造，你的前途不可限量。"傅抱石像做梦，更不知说什么好了。徐悲鸿接着说："经费困难，我给你想办法。"

为了傅抱石留学的经费，徐悲鸿立即去找了当时的江西省主席熊式辉，对他说："南昌出了个傅抱石，是你们江西的荣誉。你们应该拿出一笔钱，让他深造。"正忙于"剿共"的熊式辉当然不会对这事感兴趣。徐悲鸿拿出一张画来，说："我的这张画留下来，就算你们买了我一张画吧。"经过在场的人劝说，熊式辉勉强同意出一笔钱。但这笔钱不够去法国留学的费用，傅抱石只好改去日本。

傅抱石后来的成就证明，徐悲鸿没有把人相错。

像傅抱石这样，在徐悲鸿的提携和奖掖之下卓然成才的艺术青年，还有很多。1939年，徐悲鸿在重庆中央大学任艺术系主任时，在毕业生作品展上看到一幅名为《峨眉烟云》的山水画，很是欣赏。徐悲鸿找到该画的作者、艺术系高材生卓启俊，问卓同学能不能展览结束后把画赠送给他。按说一个学生的作品能得到大画家的如此欣赏，就应该马上答应才是。可卓启俊当时觉得把画白白送出去，还是有点舍不得。于是徐悲鸿又说，若不愿白送给他，能不能卖给他，并让卓启俊出个价。卓启俊回答道："学生的作品卖给先生会让人笑话的。先生若是真的喜欢我的画，就

拿您的画换我的吧！”其实卓启俊当时也只是说说而已，并不是真心想换。他认为那是不可能的事情，徐先生是中外驰名的大画家，怎么会拿他的画来换一幅学生的画呢？但谁想他的话音刚落，徐悲鸿就说：“行！我拿我的画来换你的这幅画。”卓启俊一听，看来不换是不行了。但又觉得徐先生答应得太爽快，就又改变主意，想再试试那幅画在先生眼里到底有多大的分量。于是，卓启俊又说：“先生拿一幅换我的我不换，要是先生肯用两幅换我一幅我才换呢。”当时在场的人都认为这话说得太狂妄、太自不量力，同时也认为徐先生是绝对不会答应的。而且，卓启俊也感到有些失言了。但话已出口，再也收不回来，一旦徐先生说声“算了吧”那他可就无台阶可下了。卓启俊越想越觉得无地自容，脸上红一阵、白一阵，头也不敢抬地愣在那儿。当时，徐悲鸿确实一时没有说什么，只是继续看展览。可就在他即将走出展厅的时候，又把卓启俊叫了过去，大声说："卓启俊，咱俩一言为定，用我的两幅画，来换你的毕业创作。"就这样，第二天徐悲鸿亲自把自己的两幅《马》送到了卓启俊的手里。这无疑是对卓启俊的莫大鼓励，他后来也成为很有名气的画家。

看来，徐悲鸿对于青年和人才的热爱，不是居高临下，而是时刻突显一种人格的平等。

永存吾土

张伯驹，这是一个不朽者的名字。1898 年，张伯驹出生在河南省项城的一个官僚家庭，父亲张镇芳曾当过直隶总督和河南都督。青年时代，他是当时有名的“民国四公子”之一。他入过军界，搞过金融，但都没有多大作为。他多才多艺，诗词歌赋，琴棋书画，样样精通。他特别热衷京剧艺术，是有名的京剧“票友”；比热衷京剧还要热衷的，是他醉心于收藏古董文物。尤其是过了 30 岁以后，张伯驹收购文物简直到了痴迷的程度。为了把一件珍贵文物买到手，他不惜掏空家底，用尽家中所有的金条、大洋，甚至不惜变卖房产，变卖夫人的首饰。

展子虔的名画《游春图》，最是来之不易。与卖家几次来回谈判，终于以 220 两黄金谈定。但那个时候这个数字对张伯驹来说已显吃力。十几年里，他手里的钱几乎都买了古书古画，万贯家财已经用尽。当时，张伯驹一家住在弓弦胡同一处宅院，这座豪宅占地 15 亩，富丽无比，有好几个会客厅、长廊，还有好几个院子，芍药、牡丹、各种果树应有尽有。在张伯驹住进来之前，它的主人是晚清大太监李莲英。追求雅致生活的张伯驹十分喜爱这个院子，但为了购买《游春图》，张伯驹忍痛变卖了自己最爱的这处住宅。不料成交之日，卖家找来的鉴定人竟说黄金成色不够，非让张伯驹再加 20 两黄金，这样就变成了 240 两。张伯驹只好再变卖了夫人潘素的一件首饰，凑成 240 两黄金，才终于将稀世珍宝《游春图》买到手。

购买文物费钱，保护文物则费神，尤其是在动乱年代，更是让他们吃尽了苦头。据潘素回忆，抗日战争爆发以后，她和张伯驹为保护文物珍品，把所有的字画一一缝入衣被，全部携往西安。一路上担惊受怕，日夜寝食难安。怕土匪抢，怕日本人来，怕意外闪失，怕自己疏忽，时刻小心翼翼，整日守在家中。外面稍有动静，就心跳个不停。为了这些死人的东西，活人真是受够了颠簸和惊吓。

购买文物不惜倾家荡产，保护文物胜过保护自己的生命，这究竟是为了什么呢？其实，张伯驹的目的一直很明确，那就是他在自己的书画录里写下的一句话："予所收藏，不必终于身，为予有，但使永存吾土，世传有绪。"也就是说，他收藏文物并不是想终身占有，而是为了让珍贵文物在自己的祖国世代相传。张伯驹的这个想法最初始于 1936 年。这一年他在上海，得知有个叫溥心畲的，把唐代韩幹的《照夜白图》卖给了外国人，他没来得及阻止，心疼不已。第二年"七七事变"以后，日本人搜刮中国文物更厉害了，这更坚定了他不惜一掷千金收藏珍贵文物的决心。张伯驹曾不止一次地对人说："黄金易得，国宝无二。我买它们绝不是为了赚钱，而是怕它们流入外国。"

张伯驹不让珍贵文物流入外国，也没让自己一人拥有。1956 年，还不到 60 岁的张伯驹，以自己和夫人潘素的名义，把最好的藏品，称得上是"国宝"级的文物，全部捐献给了国家。其中，《三希堂帖》、李白的真迹《上阳台帖》范仲淹的手书《道服赞》、陆机的《平复帖》、展子虔的《游春图》、唐寅的《蜀官妓图》，等等，都是独一无二的"国宝"。你想知道张伯驹为买文物花掉多少钱吗？仅以上述几件国宝为例：《平复帖》4 万大洋，《道服赞》110 两黄金，《游春图》240 两黄金，《上阳台帖》《三希堂帖》和《蜀官妓图》三件在一起 20 万大洋。这还只是其中很小的一部分。张伯驹本人对自己购买文物究竟花了多少钱，可能从来都没有算过，就是算过恐怕也难以算清。

1982 年，张伯驹病逝于北京。在他的追悼会上，一位文化界的名人悄悄对朋友说："每次来八宝山参加追悼会，很多人的悼词上都无一例外地写着'永垂不朽'。依我看，真正的不朽者，张伯驹是一个。"

张伯驹的一生没有白过，他生前实现了自己让珍贵文物"永存吾土"的愿望，离开这个世界，也没有多少遗憾了。他的名字，将和他捐献的国宝一样，在祖国的大地上世代相传，千古不朽。

文人相重

“闻一多拍案而起，横眉怒对国民党的手枪，宁可倒下去，不愿屈服。朱自清一身重病，宁可饿死，不领美国的‘救济粮’。我们应当写闻一多颂，写朱自清颂，他们表现了我们民族的英雄气概。”这是毛泽东《别了，司徒雷登》中的一段话。虽然，毛泽东并列地讲到这两位教授及其品格，但是他们逝世的时间却相距两年多。在这两年的时间里，后死者朱自清付出极大的精力，与他人共同整理出版了《闻一多全集》。这使得这两位人物的名字更加紧密地联结在了一起。

闻一多去世后不久，在清华大学校长梅贻琦的主持下，成立了“整理闻一多先生遗著委员会”，聘请了七位教授作为委员，其中朱自清为召集人。以朱自清的学生王瑶的说法：“在生前，闻先生和朱先生的私交并不如一般所想象得那么深。”但论做事，朱自清是个十分忠恳的人，每得到一项任务，他总是竭尽全力，一丝不苟地去完成。

即使在今天的优越条件下，整理一部《闻一多全集》也是十分费力的事。在半个世纪前的中国，仅从技术方面考虑，难度就不知要增加多少倍。此外，人员的组织，遗文的搜集，稿子的校对和抄录，都是十分琐碎、十分细致的事情。这些琐细事，主要是朱自清来做。当时的朱自清还是中文系的负责人，还需考虑中文系整个课程安排等事项；他是学者，还有许多研究文章要写；

他是教师，还有教学任务需要准备。就在这样忙碌的情况下，仅用短短半年多一点的时间，他与同仁便将《闻一多全集》编辑了出来。个中甘苦，难以形容，可朱自清在“后记”中这样说：“惭愧的是我这负责编辑的人，因为时期究竟迫促，不能处处细心照顾。”这是多么的谦虚之至，又是多么的律己之严。

此时，还有一项重头工作——“全集”必须得有一篇有分量、能公允评价闻一多各方面成就的序言。这项任务，朱自清责无旁贷。1947 年 8 月，朱自清呕心沥血，完成了一篇数千字的题为《闻一多先生怎样走着中国文学的道路》的长文，对“集斗士、诗人和学者于一身”的闻一多作了中肯的评价。

“全集”编好，送交开明书店，事情总算大致告一段落。可是，对于闻一多遗著的工作，朱自清并没有停下手来。1948 年 7 月 15 日，朱自清在自己病情十分危重的情况下依然参加了清华

学生自治会举行的闻一多死难两周年纪念会。当晚，他用低沉的声调报告《闻一多全集》编辑和出版情况。还说：又找到两篇文章没来得及收进去，很遗憾。可见文字虽已经发排，后续工作却一直不曾停顿。这是朱自清去世前一月的事情。

其实，就在朱自清病危前数天，他仍在为闻一多的遗稿操劳。去世的前一天，他所编的闻一多手稿分类目录，在校刊上公布发表；而这批手稿的数量，是254册又2包，光翻阅一次也要耗费不少时间。目录编毕，他又妥当地将这批手稿放在清华中文系保存。他甚至在生命的最后一息仍在做着这项工作。据王瑶回忆："他死后我在他的书桌上看见一个纸条子，是入医院之前写的；上书'闻集补遗：（一）《现代英国诗人》序。（二）《匡斋谈艺》。（三）《岑嘉州交游事辑》。（四）《论羊枣的死》。'他已经又搜罗到四篇闻先生的作品了。"

尽管为《闻一多全集》花去了生命最后两年的许多时光，可惜《闻一多全集》于1948年8月底由开明书店出版时，朱自清却见不到了。当月12日，朱自清因病医治无效，与世长辞。

自古人们常说"文人相轻"，而在朱自清这里，我们看到的却是"文人相重"。说起来，闻一多和朱自清的个性差异很大：闻一多是刚烈如火一猛士，为学术、为民主而奋不顾身；朱自清，却是温润如水一君子，勤勉谨慎，然而他又是一诺千金的真君子，一件事只要承担下来，同样奋不顾身，丝毫不计较个人得失地去完成它。可以说，两个人尽管性格不同，但精神相仿、风骨一致。